T0024451

THE EVERYTHING® EASY WORD SEARCH BOOK

VOLUME II

Dear Reader,

Let's have some fun! I've designed these word search puzzles to be nice and mellow. You'll still be challenged, but in an enjoyable way. Unlike some puzzle books, this one is meant to make you feel good. You can pleasantly lose yourself in a sea of letters as you find the words. Then return to the real world feeling refreshed and a little sharper.

Children instinctively know that playing helps their brains grow. They play for fun, not for practical reasons. Solving word search puzzles is similar—it's a fun activity that can give our brains a boost. Research indicates that this kind of mental aerobics is healthy for kids of all ages.

I've created dozens of word search books and it was a pleasure making this one for you. Each puzzle has a theme and I cover a wide variety of interesting topics. I hope you find the journey through these pages rewarding. Have fun!

Charles Timmerman

Welcome to the EVERYTHING® Series!

These handy, accessible books give you all you need to tackle a difficult project, gain a new hobby, comprehend a fascinating topic, prepare for an exam, or even brush up on something you learned back in school but have since forgotten.

You can choose to read an Everything® book from cover to cover or just pick out the information you want from our four useful boxes: e-questions, e-facts, e-alerts, and e-ssentials. We give you everything you need to know on the subject, but throw in a lot of fun stuff along the way, too.

We now have more than 400 Everything® books in print, spanning such wide-ranging categories as weddings, pregnancy, cooking, music instruction, foreign language, crafts, pets, New Age, and so much more. When you're done reading them all, you can finally say you know Everything®!

PUBLISHER Karen Cooper

MANAGING EDITOR, EVERYTHING® SERIES Lisa Laing

COPY CHIEF Casey Ebert

ASSOCIATE PRODUCTION DDITOR Mary Beth Dolan

ACQUISITIONS EDITOR Lisa Laing

EVERYTHING® SERIES COVER DESIGNER Erin Alexander

Visit the entire Everything® series at *www.everything.com*

THE EVERYTHING® EASY WORD SEARCH BOOK VOLUME II

Over 200 easy word search puzzles

Charles Timmerman, Founder of Funster.com

Adams Media
New York London Toronto Sydney New Delhi

Dedicated to White Bear

Adamsmedia
Adams Media
An Imprint of Simon & Schuster, Inc.
57 Littlefield Street
Avon, Massachusetts 02322

Copyright © 2013 by Simon & Schuster, Inc.

All rights reserved, including the right to reproduce this book or portions thereof in any form whatsoever. For information address Adams Media Subsidiary Rights Department, 1230 Avenue of the Americas, New York, NY 10020.

An Everything® Series Book.
Everything® and everything.com® are registered trademarks of Simon & Schuster, Inc.

ADAMS MEDIA and colophon are trademarks of Simon and Schuster.

For information about special discounts for bulk purchases, please contact Simon & Schuster Special Sales at 1-866-506-1949 or business@simonandschuster.com.

The Simon & Schuster Speakers Bureau can bring authors to your live event. For more information or to book an event contact the Simon & Schuster Speakers Bureau at 1-866-248-3049 or visit our website at www.simonspeakers.com.

Manufactured in the United States of America

10 9 8 7 6 5 4 3

Library of Congress Cataloging-in-Publication Data has been applied for.

ISBN 978-1-4405-5674-6

Many of the designations used by manufacturers and sellers to distinguish their products are claimed as trademarks. Where those designations appear in this book and Simon & Schuster, Inc., was aware of a trademark claim, the designations have been printed with initial capital letters.

Contents

Introduction / 7

Puzzles / 9

Answers / 243

Acknowledgments

I would like to thank each and every one of the more than half a million people who have visited my website, *www.funster.com*, to play word games and puzzles. You have shown me how much fun puzzles can be and how addictive they can become!

It is a pleasure to acknowledge the folks at Adams Media who made this book possible. I particularly want to thank my editor, Lisa Laing, for so skillfully managing the many projects we have worked on together.

Introduction

THE PUZZLES IN THIS book are in the traditional word search format. Words in the list are hidden in the puzzle in any direction: up, down, forward, backward, or diagonally. The words are always found in a straight line and letters are never skipped. Words can overlap. For example, the two letters at the end of the word "MAST" could be used as the start of the word "STERN." Only uppercased letters are used, and any spaces in an entry are removed. For example, "TROPICAL FISH" would be found in the puzzle as "TROPICALFISH." Apostrophes and hyphens are also omitted in the puzzles. Draw a circle around each word that you find. Then cross the word off the list so that you will always know which words remain to be found.

A favorite strategy is to look for the first letter in a word, then see if the second letter is in any of the neighboring letters, and so on until the word is found. Or instead of searching for the first letter in a word, it is sometimes easier to look for letters that stand out, like *Q*, *U*, *X*, and *Z*. Double letters in a word will also stand out and be easier to find. Another strategy is to simply scan each row, column, and diagonal looking for any words.

PUZZLES

Jams and Jellies

R A S P B E R R Y T S A T F
B P I R A P B E S B S F O R
R P B E G A I D L J Y R C U
A L S S E R S A L A E O I I
B E P E L G C L O R N V R T
U L L R H K U A R S T A P N
H T U V B C I M E E U L A A
R E M E G H T R D J H F Y R
A M R S B A V A U G C K P R
O R A N G E M M B V C M E U
Y U O C S E R G N I N N A C
F O X M M S U R T I C I C B
V G T O A S T S Y R R E H C
P D H C I W D N A S U G A R

APPLE
APRICOT
AROMA
BAGEL
BATCHES
BISCUIT
BLACKBERRY
BLUEBERRY
CANNING
CHERRY
CHUTNEYS
CITRUS
CONSERVES
CURRANT
FLAVOR
FRUIT
GOURMET
GRAPE
GUAVA
HOMEMADE
JARS
MARMALADE
ORANGE
PEACH
PLUM
PRESERVES
RASPBERRY
RHUBARB
ROLLS
SANDWICH
STICKY
SUGAR
TASTY
TOAST

Solution on page 245

Writing Utensils

T H D Q U I L L E A D W K Z
H Y I R E S A R E T T O L B
E G N G L Q D V Y Z O D O A
S R V E H H S U R B K I Q M
A A I M P L E M E N T C S B
U P X G D D I T I A R T U O
R H P E E I O G B E A I T O
U I L L V N E L H T T O A C
S T E L I K E C I T N N R T
T E T R C A T O O L E A A T
Y N S H E E N J K U M R P S
L M A R K E R C S N G Y P M
I I P S R R U L E R I X A W
R N O Y A R C T D E P B X P

APPARATUS
APPLIANCE
BAMBOO
BLOTTER
BRUSH
CHAIR
CRAYON
DESK
DEVICE
DICTIONARY
DYE
ERASER
GEL
GRAPHITE
HIGHLIGHTER
IMPLEMENT
INK
LEAD
MARKER
NIB
NOTEBOOK
PASTEL
PEN
PIGMENT
QUILL
RULER
SKETCHER
STATIONERY
STYLI
TABLE
THESAURUS
TOOL
WAX

Solution on page 245

Photography Class

A B S T R A C T M U I D E M
F I L M X P O H S O T O H P
R E G R A L N E B N M O O Z
O G N I G D O D E O S R T D
R E G S E G A M I I E H E G
C L O S E U P L L T G E L N
A U P B M O O H E I P W A I
M P L U L F O M L S M O N P
E U B E T U T K O O N D D P
R L V R E H C S D P J A S O
A E O T G A I E P M K H C R
D P T I B T R I P O D S A C
P E L G N I S S E C O R P A
S C I T P O T O H P E L E T

ABSTRACT
ALBUM
ANSEL ADAMS
BACKLIGHT
BLUR
CAMERA
CLOSE UP
COMPOSITION
CROPPING
DEVELOPMENT
DODGING
ENLARGER
FILM
IMAGES
ISO SPEED
LANDSCAPE
LIGHT METER
MACRO
MEDIUM
MODE
OPTICS
PHOTOSHOP
PORTFOLIO
PROCESSING
SHADOW
SILHOUETTE
SPOOL
TELEPHOTO
TRIPOD
ZOOM

Solution on page 245

Going to the Movies

C E E N I T A M H O R R O R
I P O P C O R N O I T C A E
T A I E R U T N E V D A S M
N T N Q H O L L Y W O O D A
A O D C R E D I T S D M F K
M L I N E E R U T A E F O E
O R E T S U B K C O L B R M
R F E D A T E L N T C E E I
C R S S U M A E E A I B I T
O I P Q T S I K U M C O G W
M E I U S R C N E Q L H N O
E N L I N I O R A X R E O H
D D C E T U P O Z V T A E S
Y S A T N A F A M I L Y M R

ACTION
ADVENTURE
ANIMATION
BLOCKBUSTER
CLASSICS
CLIPS
COMEDY
CREDITS
DATE
FAMILY
FANTASY
FEATURE
FOREIGN
FRIENDS
FUN
HOLLYWOOD
HORROR
INDIE
LINE
MARQUEE
MATINEE
NACHOS
POPCORN
PREMIERE
PRODUCTION
QUIET
REEL
REMAKE
RESTROOM
ROMANTIC
SEAT
SHOWTIME
SODA
TICKET

Solution on page 245

Pizzeria

V O A D O S A U C E N E V O
S E L B A T O M A T O H S Y
E D S O G A M E S R E P A C
T N O C A B E E F L I S A B
A M O O R H S U M N O I N O
L P A Z V A O N A G E R O X
P L A R L M P C A H G U O D
N I H T I A H D P P D Q N R
C D G S R N C H I C K E N I
C R U S T O A T Z N H I M N
C I L R A G N R Z F I E N K
P E P P E R L S A E A N W S
Y F D O L I V E A T I N G Y
J Z E Y T S A T S A P N U F

BACON
BASIL
BEEF
BOX
CALZONE
CAPERS
CHEWY
CHICKEN
CRUST
DINING
DOUGH
DRINKS
EATING
FETA
FUN
GAMES
GARLIC
HAM
HOT
MARINARA
MEATS
MUSHROOM
NAPKINS
OLIVE
ONION
OREGANO
OVEN
PARSLEY
PASTA
PATRONS
PEPPER
PIZZA
PLATES
SAUCE
SODA
SPINACH
TABLES
TASTY
THIN
TOMATO

Solution on page 246

Red Cross to the Rescue

G B L O O D C A N I R T A K
I R A V T R O P P U S H Y P
F M E R O C M O S T U T E L
H U A N T L M O L M E F Y E
Z T N N A O U I A F I E C H
D E L D U C N N A L K K N O
O I C A S S I S T A N C E S
N T S N E T T R U E R H G P
A O C A A H Y Q R Y E A R I
T R W R S L H D C U D R E T
I N I A O T U N E C H I M A
O A N U R S E B P E Q T E L
N D I A H G S R M I N Y N N
P O E D A N O I T A C U D E

AGENCY
AID
AMBULANCE
ASSISTANCE
BARTON
BLOOD
CHARITY
COMMUNITY
CPR
CROSS
DISASTER
DONATION
EARTHQUAKE
EDUCATION
EMERGENCY
FLOOD
FUNDS
HEALTH
HELP
HOSPITAL
HUMANITARIAN
HURRICANE
KATRINA
LIFE
NEEDY
NURSE
RED
SAFETY
SUPPORT
TORNADO
TSUNAMI
VOLUNTEER
WAR

Solution on page 246

Write a Letter

L I C N E P C O M P O S E I
R E C O N N E C T I O N P N
S H P A R G A R A P Q S O C
S E E M L C N N F K N I L R
E A N R A L O E R U T G E E
R R P L E T I N P A M N V A
D T A O E Q S G T I E E N T
D F L V D L U U R A S D E I
A E R E V I L E D A C T V V
I L S D R A C T S O P T L E
E T A K S M N S O T O H P E
T H A N K Y O U S T O R Y A
A P O S T S C R I P T Y P E
D N E S E L D O O D Y D O B

ADDRESS
BODY
CALLIGRAPHY
COMPOSE
CONCLUSION
CONTACT
CREATIVE
DATE
DEAR
DELIVER
DESK
DOODLES
ENVELOPE
EPISTLE
HEARTFELT
INK
LOVE
MAIL
NOTE
PARAGRAPHS
PEN PAL
PENCIL
PERFUME
PHOTOS
POSTCARD
POSTSCRIPT
RECONNECTION
REQUEST
SALUTATION
SEND
SIGNED
STAMP
STORY
THANK YOU
TYPE

Solution on page 246

Convenience Store

I A L C O H O L O T T E R Y
C L B B H G U M I D O O F K
O I N E P O S Y A W L A R U
R G T V B A C O F F E E E B
N H M E G G R O C E R I E S
E T A R E M A C L I C E Z E
R E P A P S W E N A R N E I
E R S G A D O S U F T R R T
S S E E Y O L P M E B E D L
T W T S O U V E N I R S R E
R E I H S A C T A D E L I V
O E C H I P S R E T A W N O
O T Y F U E L C A N D Y K N
M S T N I M S N A C K L I M

ALCOHOL
ALWAYS OPEN
BEER
BEVERAGES
BREAD
CAMERA
CANDY
CASHIER
CHIPS
CHOCOLATE
COFFEE
CORNER
DELI
DRINK
EMPLOYEES
FOOD
FREEZER
FUEL
GAS
GROCERIES
GUM
ICE
LIGHTERS
LOTTERY
MAPS
MILK
MINTS
NEWSPAPER
NOVELTIES
RESTROOM
SLUSHY
SNACK
SODA
SOUVENIRS
SWEETS
WATER

Solution on page 246

Airport Runway

G N O L E L L A R A P F S S
H S E C U R I T Y N A L A G
D E P A R T U R E L T A F N
U N O I T C E R I D H T E I
Y A W I X A T L I F T R T K
L L J O G N I Y L F T O Y R
A P E T D G H C A O R P P A
N R T V H H L R W E G R V M
D I S T A N C E P K E I K P
I A I A Y R R U W A A A G I
N N F M I K G P O T R A A L
G T L A H P S A I T T U C O
T E T E R C N O C E M E N T
C A M R A T N E M E V A P S

AIRCRAFT
AIRPLANES
AIRPORT
APPROACH
ASPHALT
AVIATION
CEMENT
CONCRETE
DEPARTURE
DIRECTION
DISTANCE
FAA
FLAT
FLYING
GATE
GEAR
GRAVEL
JETS
LANDING
LIGHTING
LONG
MARKINGS
PARALLEL
PATH
PAVEMENT
PILOTS
SAFETY
SECURITY
SKY
TAKEOFF
TARMAC
TAXIWAY
TOUCHDOWN
TOWER

Solution on page 247

Knitting Needle

T D L V A R T L G L K Y H V
D O O W O M J Y W N N O T W
W R O L O Y D S D J I U G G
P O O L B L A N K E T W N T
A C R B M F Q E A N S K E P
I E O K A F G T F R T I L S
R H Z B B U V T S E G A G S
S C R T A H N I F T S W H N
O I A G H U N M S T I T C H
C S V B O G A W I A N H P O
K R T C L L I C Z P N I L O
S V A E F E A B E E N N O K
N E M F S X Q C T R A P N P
T S L A T E M W E A V E G W

ART
BAMBOO
BIGHT
BLANKET
CABLE
COLOR
COUNT
CRAFT
DESIGN
FABRIC
GAUGE
GRANDMA
HAT
HOBBY
HOOK
KNIT
LACE
LENGTH
LONG
LOOP
METAL
MITTENS
PAIR
PATTERN
PIN
PLASTIC
POINT
ROD
SETS
SEWING
SINGLE
SIZE
SOCKS
STITCH
TAPER
THIN
TOOL
WEAVE
WOOD
WORK

Solution on page 247

Educational

C K R O W E M O H C A O C N
L C O N T E N T L I C N E P
A S H O W X N I A L P X E A
S E T N B E B M U E S U M C
S R I M P R O V I N G U A A
K U P R A C T I C E P V D D
L T R R O I G E L L E L V E
E C I U K S E N I Z A G A M
S E L D A E S F I R V N N I
S L O E R S T E U Y R Q C C
O L O M D I E T F A F U E M
N I H A N O L H E O V I D A
S K C G V U M L T Y R Z D X
B S S T C U R T S N I P W E

ACADEMIC
ADVANCED
BOOK
CLASS
COACH
CONTENT
CULTURAL
DRILLS
EDIFYING
EXAM
EXERCISES
EXPLAIN
GAME
HOMEWORK
IMPROVING
INSTRUCT
LEARN
LECTURES
LESSONS
LIBRARIES
MAGAZINES
MODEL
MUSEUM
PENCIL
PRACTICE
PROFESSOR
QUIZ
SCHOOL
SHOW
SKILL
THESAURUS
UPLIFTING

Solution on page 247

Words about Words

E	S	A	R	H	P	R	A	M	M	A	R	G	S
C	W	R	I	T	I	N	G	E	N	O	U	N	J
D	C	O	L	O	N	O	V	E	O	Q	O	I	S
F	O	R	M	A	T	I	O	N	I	I	T	L	R
L	J	I	A	H	T	T	A	R	T	I	C	L	E
A	P	N	R	C	T	C	T	S	I	S	E	E	N
N	R	O	E	E	V	N	E	S	S	D	J	P	I
G	E	J	X	E	P	U	N	A	O	R	B	S	M
U	D	T	R	P	Q	J	S	L	P	O	U	B	R
A	I	B	F	S	N	N	E	C	E	W	S	R	E
G	C	Y	G	O	L	O	H	P	R	O	M	N	T
E	A	Q	D	E	S	C	R	I	P	T	I	V	E
S	T	O	R	Y	R	A	N	O	I	T	C	I	D
Q	E	R	U	T	C	U	R	T	S	E	L	U	R

ADJECTIVE
ARTICLE
CLASS
COLON
CONJUNCTION
DESCRIPTIVE
DETERMINERS
DICTIONARY
FORMATION
GRAMMAR
LANGUAGE
MORPHOLOGY
NOUN
PERIOD
PHRASE
PREDICATE
PREPOSITION
QUESTIONS
RULES
SPEECH
SPELLING
STORY
STRUCTURE
SUBJECT
TENSE
TEXT
VERB
WORDS
WRITING

Solution on page 247

Eat a Sandwich

H R E G R U B I M A L A S D
L E E L G O D T O H T P L A
E O R T L S U B M A R I N E
F I E O J A L G V O V E P R
A L G M L E B O U E W G P B
L N A A T L C T R R T G C P
A E S T O A S W A L L S U A
F K U O D H U P B E E A C S
R C A O D R A T S U M L U T
E I S E S I A N N O Y A M R
U H S T U C D L O C T D B A
B C L U B K F A O L T A E M
E J A M F D O O W G A D R I
N O C A B I N I N A P H A M

AVOCADO
BACON
BLT
BOLOGNA
BREAD
BURGER
CHICKEN
CLUB
COLD CUTS
CUCUMBER
DAGWOOD
EGG SALAD
FALAFEL
HAM
HERO
HOAGIE
HOT DOG
JAM
LETTUCE
LIVERWURST
MAYONNAISE
MEATBALL
MEATLOAF
MUSTARD
OIL
PANINI
PASTRAMI
PATTY MELT
PITA
REUBEN
ROLL
SALAMI
SAUSAGE
SPROUTS
SUBMARINE
TOMATO
WRAP

Solution on page 248

Around the Ocean

L A K E M A R I N E L I F E
S W I M M I N G Y A D R F N
P I B S O N B K R N E D I V
A L I E P R C O A T O N S I
C D R V O O C L A C A E H R
I L D A R F S W K T H S I O
F I S W T I T E N C I A N N
I F E N I L T S A O C N G M
C E A D A A A E B G I D G E
I R S S M C B N F L U G W N
T I H R E S O R T P Z L E T
I V O Q D O L P H I N S L R
E E R O S I O N A E C O F S
S R E D I S A E S F F I L C

ATLANTIC
BANK
BEACHES
BIRDS
BOATING
CALIFORNIA
CITIES
CLIFFS
COASTLINE
CORAL
DOCK
DOLPHINS
ENVIRONMENT
EROSION
FISHING
GULF
ISLAND
LAKE
MARINE LIFE
OCEAN
PACIFIC
PORT
REGION
RESORT
RIVER
ROCKY
SALT WATER
SAND
SEAGULLS
SEASHORE
SEASIDE
SWIMMING
TAN
WAVES
WILDLIFE

Solution on page 248

Cup of Coffee

T R J R J N E V G N O R T S
O E V B S I P N A D N E L B
P C M P L G N S I N G G P K
W U I R U A F S U H I U P J
O A L F U R C J T G C L M A
L S D R I O Y K G A A A L V
L I D E W M G S F P N R M A
A G N S R A B F F I L T E R
W D N H E T E V E E L S T O
S E A I D I A C L E R A M V
Y C Y R N C N R R E S N H A
S I I E I R S E T T J O R L
D N U O R G O A Y H T O R F
K Q C N G Y W M O C H A E F

AROMATIC
BEANS
BLACK
BLEND
CAFFEINE
CREAM
CUP
DRINK
FILTER
FLAVOR
FRESH
FRIENDS
FROTHY
GOURMET
GRINDER
GROUND
HOT
ICED
INSTANT
JAVA
JOE
LID
MACHINE
MILD
MOCHA
MORNING
MUG
POT
REGULAR
SAUCER
SIP
SLEEVE
STRONG
SUGAR
SWALLOW
SYRUP
TASTY
VANILLA
WATER

Solution on page 248

Build a Rocket

Y	B	B	O	H	R	E	P	A	P	O	G	E	E
T	M	I	S	C	G	N	I	Y	L	F	U	N	D
E	O	E	R	Y	S	H	O	O	T	I	Y	E	U
F	D	T	E	R	C	O	N	S	T	R	U	C	T
A	E	U	T	T	A	I	M	N	E	E	D	A	I
S	L	H	E	E	L	N	E	V	N	C	O	P	T
K	A	C	M	K	E	M	O	G	G	G	O	S	L
Y	U	A	I	C	Y	C	I	I	L	N	W	N	A
B	N	R	T	O	E	N	O	I	T	C	E	J	E
U	C	A	L	R	E	R	D	F	L	I	G	H	T
I	H	P	A	S	S	E	M	B	L	Y	N	H	S
L	E	X	P	L	O	S	I	V	E	S	K	G	N
D	R	E	M	A	E	R	T	S	U	R	H	T	I
D	E	E	P	S	V	C	I	T	S	A	L	P	F

AIM
ALTIMETERS
ALTITUDE
APOGEE
ASSEMBLY
BUILD
CONSTRUCT
DEPLOYMENT
EJECTION
ENGINES
EXPLOSIVE
FINS
FIRE
FLIGHT
FLYING
FUN
GLIDE
HOBBY
IGNITION
LAUNCHER
MODEL
NOSE CONE
PAPER
PARACHUTE
PLASTIC
RECOVERY
ROCKETRY
SAFETY
SCALE
SHOOT
SKY
SPACE
SPEED
STREAMER
THRUST
WOOD

Solution on page 248

Cold Remedies

Z T H Y D R A T I O N X V T
S T N E M E L P P U S T A N
Z I N C A P S U L E S S P A
B R O T H T F O C G U E O L
Y T I V I T I S O P T R R A
R O T C O D L N U P P E I H
B L A N K E T S G E Y I Z N
G P X D E E H O H P L F E I
I E A P A G O A D P A I R G
N F L U I D S K R E C D L A
S T E L B A T W O R U I L R
E T R O F M O C P S E M I G
N L O Z E N G E S Y R U P L
G K U V Y A E C A N I H C E

BLANKETS
BROTH
CAPSULES
COMFORT
COUGH DROP
DOCTOR
ECHINACEA
EUCALYPTUS
FLUIDS
GARGLE
GINSENG
GOOD BOOK
HEATING PAD
HUMIDIFIER
HYDRATION
INHALANT
LOZENGES
PEPPERS
PILL
POSITIVITY
RELAXATION
REST
SLEEP
SOAK
SOUP
SUPPLEMENTS
SYRUP
TABLET
TEA
VAPORIZER
ZINC

Solution on page 249

Puzzles

M	B	O	X	P	C	C	H	E	S	S	D	M	C
E	X	E	R	C	I	S	E	Z	Z	I	U	Q	R
L	Y	D	X	D	I	C	E	L	D	D	I	R	I
B	R	I	O	N	A	H	T	R	I	V	I	A	B
O	T	F	I	G	U	R	E	O	F	U	N	M	B
R	E	F	P	I	E	C	E	S	G	N	A	E	A
P	M	I	N	D	B	E	N	D	E	R	W	M	G
E	O	C	V	X	T	O	J	D	G	I	A	H	E
N	E	U	I	E	I	I	D	O	L	Z	N	M	H
C	G	L	S	S	G	I	T	D	E	O	A	B	T
I	F	T	U	S	H	P	E	E	N	I	G	M	A
L	Q	L	A	B	Y	R	I	N	T	H	R	I	M
T	L	W	L	R	G	A	M	E	N	T	A	L	C
I	P	I	C	T	U	R	E	R	E	B	M	U	N

ANAGRAM
BEWILDER
BOX
CHESS
CRIBBAGE
CRYPTOGRAM
DIFFICULT
ENIGMA
EXERCISE
FIGURE
FINISH
FUN
GAME
GEOMETRY
HANOI
HIDDEN
ILLUSIONS
JIGSAW
LABYRINTH
LOGIC
MATH
MAZE
MENTAL
MINDBENDER
NUMBER
PENCIL
PICTOGRAM
PICTURE
PIECES
PROBLEM
QUIZZES
RIDDLE
TEST
TRIVIA
VISUAL

Solution on page 249

Catalogs

Y S C O I T E M S P O R T S
X I E L R E T A D P U P H A
M M N G O G F A S H I O N V
T R O D A T A B A S E L L I
T R E D E P H N K K F L Y N
E E E V E X D I I H R T A G
T D L G I L E D N Z E S R S
R R Y Y I L S D M G E O T I
Y O A N T S E S R U O C R Z
L B G G A S T D B Y S Y O E
I N B O W P E R U T C I P S
A E M O H P M O Y P R I C E
M W R D H P R O D U C T V O
J B T S I L T T C I P E D H

ART
BROWSE
CLOTHING
COMPANY
COST
COURSES
DATABASE
DELIVER
DEPICT
FASHION
FREE
GOODS
HANDLING
HOBBY
HOME
INDEXED
ITEMS
KIDS
LIST
MAIL
MODELS
MUSIC
NEW
ORDER
ORGANIZE
PAGES
PICTURE
PORTRAY
PRICE
PRODUCT
REGISTRY
SALE
SAVINGS
SELL
SHOE
SIZES
SPORTS
STYLE
TOY
UPDATE

Solution on page 249

Bouncy

A E M O T I O N I T A L E G
N L L A B R N E R D L I H C
I A D S S E R T T A M V E O
M S A I S U H T N E J E N I
A T M O V E M E N T B L I L
T I B A B I E S Y K N I L S
E C J T S A N M Y G Z N O O
D E B U N N Y G R E N E P C
N I N F L A T A B L E S M C
U T E K R A M K C O T S A E
O G O P C U R L Y H A I R R
B S P R I N G N I S I R T I
E Z V F L I P U T T Y B D T
R A F T O Y S X J U M P O H

ANIMATED
BABIES
BALL
BED
BUNNY
CHILDREN
COILS
CURLY HAIR
DIVING BOARD
ELASTIC
ENERGY
ENTHUSIASM
FLIP
GELATIN
GYMNAST
HOP
INFLATABLE
JUMP
LIVELINESS
MATTRESS
MOTION
MOVEMENT
POGO
PUTTY
RAFT
REBOUND
RISING
SLINKY
SOCCER
SPRING
STOCK MARKET
TIRE
TOYS
TRAMPOLINE

Solution on page 249

Hire Some Help

K R O W U S E F U L P G G D
H S W E R C S S L I A N E R
A E P R O J E C T S I I M I
M R S B O J D D O L N B O L
M V K R F T L G E A T M H L
E I A I I I C D G C I U E L
R C E N U A O A O I N L L A
O E L B B M P N R R G P P W
I L I C E N S E D T O W F Y
R O I R E T X E R C N O U R
E C G B R H O U S E H O L D
T E A U P S K I L L E D C F
N M C L H C A R P E N T R Y
I T O O L B O X F I X I N G

BUILD
CALL
CARPENTRY
CONSTRUCT
CONTRACTOR
DRILL
DRYWALL
ELECTRICAL
EXTERIOR
FIXING
FLOOR
HAMMER
HELPFUL
HOME
HOUSEHOLD
INTERIOR
LEAKS
LICENSED
NAILS
ODD JOBS
PAINTING
PLUMBING
PROJECTS
REMODELING
REPAIRS
ROOF
SCREWS
SERVICE
SKILLED
TOOLBOX
USEFUL
VAN
WOOD
WORK

Solution on page 250

Festivals

N W O T E K C I T Y F O L K
J S C H I L D R E N J E S F
S U D O O F A M I L Y U T E
U C B L H A R V E S T C S A
M R K I D A N C I N G E E S
M I I D L W I N E N M B T T
E C P A G E A N T U R R N R
R O G Y F I E S T A R A O E
T U B S P O N S O R S B C E
S N V E N D O R S H M C D T
W T E A E C U L T U R A L J
O Y R V A R F O S P R I N G
H T C K E U O I G A M E S X
S P E N N B C U P F I L M M

ARTS
BARBECUE
BEER
BOOTHS
CAKE
CARNIVAL
CHILDREN
CIRCUS
CITY
CONTESTS
COSTUMES
COUNTY
CULTURAL
DANCING
EVENT
FAIR
FAMILY
FEAST
FIESTA
FILM
FOLK
FOOD
FUN
GALA
GAMES
HARVEST
HOLIDAY
JUBILEE
MUSIC
PAGEANT
PARADE
SHOWS
SPONSOR
SPRING
STREET
SUMMER
TICKET
TOWN
VENDORS
WINE

Solution on page 250

Comfort Food

Y	M	A	E	R	C	G	N	I	D	D	U	P	G
A	B	R	O	W	N	I	E	S	B	U	B	A	N
M	M	E	A	T	B	A	L	L	S	M	A	T	I
S	F	G	S	H	C	H	I	L	I	P	C	S	F
N	R	R	T	A	A	M	E	A	T	L	O	A	F
O	I	U	R	N	N	M	F	R	S	I	N	P	U
O	E	B	A	K	E	D	B	E	A	N	S	D	T
D	S	E	K	A	C	G	W	U	O	G	E	E	S
L	A	S	A	G	N	A	L	I	R	S	U	S	E
E	S	E	I	K	O	O	C	U	C	G	L	S	L
S	G	E	L	A	T	I	N	L	D	H	E	E	F
O	T	H	I	S	O	O	T	H	I	N	G	R	F
D	P	C	S	P	A	G	H	E	T	T	I	T	A
A	E	T	B	R	E	A	D	S	L	L	O	R	W

BACON
BAKED BEANS
BREADS
BROWNIES
CAKE
CARBS
CHEESEBURGER
CHILI
COOKIES
CREAMY
DESSERT
DUMPLINGS
FRIES
GELATIN
HAMBURGER
HOT
INDULGENT
LASAGNA
MEATBALLS
MEATLOAF
NOODLES
PASTA
PIE
PUDDING
ROAST
ROLLS
SANDWICH
SODA
SOOTHING
SPAGHETTI
STUFFING
SUGAR
TEA
WAFFLES
YAMS

Solution on page 250

First Date

Y J I T T E R S U O V R E N
F U N A F F E C T I O N F F
G G I J A W K W A R D O L Y
N N G T S E R E T N I I O H
I I H N F L U T T E R S W S
H N T D I N N E R T T S E N
G R B L I N D D A T E E R O
U A D A N C E T C E N R S I
A E I V O M I V T E S P I T
L L E B R O O D I M I M L S
Y N E W N E S S O L O I L E
H O E B E G I N N I N G Y U
U E C S U O V Z E D N E R Q
G N I L W O B D E T I C X E

AFFECTION
ATTRACTION
AWKWARD
BEGINNING
BLIND DATE
BOWLING
CAR
COY
DANCE
DINNER
DOORBELL
ENLIVENING
EXCITED
FLIRTATION
FLOWERS
FLUTTER
FUN
HUG
IMPRESSION
INTEREST
JITTERS
LAUGHING
LEARNING
MEET
MOVIE
NERVOUS
NEWNESS
NIGHT
QUESTIONS
RENDEZVOUS
SHY
SILLY
TENSION

Solution on page 250

Fall

A J D L O O H C S D U O L C
U H U N T I N G H I X V B R
T S R O I B R A N C H E S I
U O P E R W T T I K J R R S
M F R O D S J H K C T C O P
N I W A R I A E P A S A L X
F N T F N C C R M T E S O J
E I R T O G K I U S V T C H
A E E O E O E N P Y R O O S
S Z G L C N T G X A A O A A
T I N L D S S B K H H B T U
R A A I E S W E A T E R S Q
A M H H D R U O G L O V E S
W H C C Q S E V A E L P P A

APPLE
AUTUMN
BOOTS
BRANCHES
BROWN
CHANGE
CHESTNUTS
CHILL
CIDER
CLOUDS
COATS
COLORS
CORN
CRISP
CROPS
FEAST
FIELD
FOOTBALL
GATHERING
GLOVES
GOURD
HARVEST
HATS
HAYSTACK
HUNTING
JACKETS
LEAVES
MAIZE
MITTENS
ORANGE
OVERCAST
PUMPKIN
RAKE
SCHOOL
SQUASH
STRAW
SWEATERS
WIND

Solution on page 251

Backyard

E D A H S T O N E X A L E R
A R B O R E W O L F E D C Y
L T W E E S T E P U I G N T
W L E D H J N E D R A G E R
K C I R B N I A T N U O F A
D L U R R E L K N I R P S P
S B D O G A H K B T X E E T
S O I T A P C A J U O Y M A
A O R R I E R E I R B A A B
R B I R D H O U S E D W G L
G E A O I B P L A Y N K A E
Z Z H O S E A S O N A L T K
O A C E D I S T U O S A E A
S G K C O M M A H L P W U R

ARBOR
BIRDBATH
BIRDHOUSE
BRICK
CHAIR
DECK
DIRT
DOG
FENCE
FLOWER
FOUNTAIN
FURNITURE
GAMES
GARDEN
GATE
GAZEBO
GRASS
GRILL
HAMMOCK
HOSE
OUTSIDE
PARTY
PATIO
PETS
PLAY
POOL
PORCH
RAKE
RELAX
SANDBOX
SEASONAL
SHADE
SHRUBS
SLIDE
SPRINKLER
STONE
TABLE
TERRACE
TREE
WALKWAY

Solution on page 251

Baby Products

F O R M U L A T L O T I O N
M D R E S S E R E I R R A C
C E G N I D D E B K U C E G
R L B I B F B R H X N H B T
E T S Y O T I O O P M A H S
A T A E S R A C D C B N L L
M O C R A D L E A Y K G R B
A B D I A P E R S P W E A C
T A M Y A L P E K H L A R M
T E N I S S A B C L T I S S
R E L B A T L I O Y B A B H
E B O U N C E R S K O O B O
S H M O N I T O R A T T L E
S T E E H S E H T O L C W S

BABY OIL
BABY SEAT
BASSINET
BATH SEAT
BEDDING
BIB
BLANKET
BODYWASH
BOOKS
BOTTLE
BOUNCER
CAR SEAT
CARRIER
CHANGE
CLOTHES
CRADLE
CREAM
CRIB
DIAPERS
DRESSER
FORMULA
LOTION
MATTRESS
MONITOR
PACIFIER
PLAY MAT
RATTLE
ROCKER
SHAMPOO
SHEETS
SHOES
SOCKS
STROLLER
TABLE
TOYS

Solution on page 251

Psychiatric Therapy

H O S P I T A L N I A R B U
C Y Y G O L O H C Y S P E G
R R T M N I L L N E S S H U
A V E N E I H U M A N Y A I
E S C P E M L H C U O C V L
S N I I R M O E P L E H I T
E O F S D E P R E S S I O N
R I F Z Y E S O I F X A R E
D T O E D L A S L E F T O M
R O F A N T A S I E S R T T
E M P A T I E N T O V Y C A
A E A U S T R I A N N E O E
M I N D C H I L D H O O D R
S T U D Y P R O B L E M S T

ANALYSIS
AUSTRIAN
BEHAVIOR
BRAIN
CHILDHOOD
COUCH
DEPRESSION
DEVELOPMENT
DOCTOR
DREAMS
EMOTIONS
FANTASIES
FEELINGS
GUILT
HELP
HOSPITAL
HUMAN
IDEAS
ILLNESS
MEMORIES
MIND
OFFICE
PATIENT
PROBLEMS
PSYCHIATRY
PSYCHOLOGY
REPRESSION
RESEARCH
STUDY
TREATMENT

Solution on page 251

Breakfast Food

S E I R R E B W A R T S U S
A L M I L K F Y O G U R T E
U B L U E B E R R I E S S G
S J O O A Q A T U T M E T D
A S X P R N U A C I E G I I
G E P H G N K I N H T G U R
E L E E F F O C C A U S C R
E F N O C A B M A H N P S O
B F R I T T A T A T E A I P
A A E M S E K A C N A P B A
G W E C R O I S S A N T I S
E A J C I S M O O T H I E T
L N I F F U M L A E R E C R
N J E L L Y J A M G R A V Y

APPLE
BACON
BAGEL
BANANA
BISCUITS
BLUEBERRIES
CEREAL
CINNAMON ROLLS
COFFEE
CREAM CHEESE
CROISSANT
EGGS
FRITTATA
FRUIT
GRAVY
HAM
JAM
JELLY
JUICE
KETCHUP
LOX
MILK
MUFFIN
OATMEAL
ORANGE
PANCAKES
PASTRY
PORRIDGE
QUICHE
SAUSAGE
SMOOTHIE
STRAWBERRIES
TEA
WAFFLES
YOGURT

Solution on page 252

Industrial

B U S I N E S S E N I G N E
P G N I D L I U B S P E E D
O S M N E M P L O Y M E N T
L E W D T L A B O R C E B B
L N A U A U E Q S A V M S I
U I R S M M Y C L I H E T C
T H E T O B L I T T C C N O
I C H R T E B O G R M H E M
O A O Y U R M N U E O A M M
N M U F A O E O K G D N P E
O D S T T R S I C N E I I R
R U E U T E S N U A R C U C
I O A S R F A U R D N A Q E
G L O V E S D E T A I L E D

ASSEMBLY
AUTOMATED
AUTOMOTIVE
BUILDING
BUSINESS
CALIBRATE
COMMERCE
DANGER
DETAILED
ELECTRONIC
EMPLOYMENT
ENGINES
EQUIPMENT
GLOVES
INDUSTRY
IRON
LABOR
LOUD
LUMBER
MACHINES
MECHANICAL
MODERN
POLLUTION
RESOURCES
SPEED
STRENGTH
TRUCK
UNION
WAREHOUSE

Solution on page 252

Global Geography

H N P A I N K S E I T I C M
T Y O F U D N A L S I K S A
R R P R Y S B C N E B E C I
A T U I T S T I U V S I G N
E N L C X H A R G S T A E L
B U A A T T A E A C F N O A
O O T F N S O M R L S S L N
U C I U I G D A E A I N O D
N R O A R N T H L R S A G I
D M N A A N S T O G I E I V
A I P L A O A U J E N C C I
R H S R E D R O B O D O A D
Y F D S N O I S I V I D L E
E B O L G R E E N L A N D D

AFRICA
AMERICAS
ANTARCTICA
AREAS
ATLAS
AUSTRALIA
BORDERS
BOUNDARY
CITIES
COUNTRY
DIVIDED
DIVISIONS
DRIFT
EARTH
EURASIA
GEOGRAPHY
GEOLOGICAL
GLOBE
GREENLAND
INDIA
ISLAND
LANDMASSES
LARGE
MAINLAND
MOUNTAINS
NORTH AMERICA
OCEANS
POPULATION
SHELF
SOUTH AMERICA

Solution on page 252

Tennis Player

T S U E J D R O P S H O T G
J A R Y U R R O D L A V E R
S N E E S T A N S M I T H E
O D K L T R U O C K C A B B
R R C L I S E G D U B N O D
R E E A N T J F A U L T H E
A A B N E D L I T L L I B N
G G S L H B A L L B O Y W A
D A I Y E L L O V C Q I T F
N S R O N N O C Y M M I J E
A S O M I D C O U R T I B T
L I B E N I L E S A B J K S
O M I C H A E L C H A N G S
R E R E D E F R E G O R A H

ALLEY
ANDRE AGASSI
BACKCOURT
BALL BOY
BASELINE
BILL TILDEN
BORIS BECKER
DON BUDGE
DROP SHOT
FAULT
ITF
JIMMY CONNORS
JUSTINE HENIN
KIM CLIJSTERS
LET
MICHAEL CHANG
MIDCOURT
ROD LAVER
ROGER FEDERER
ROLAND GARROS
STAN SMITH
STEFAN EDBERG
VOLLEY

Solution on page 252`

Political Life

J X Q P Y T I R O J A M F E
O T A R C O M E D P U O R G
P O W E R E V O L U T I O N
U T N S Y T I R O H T U A A
S N O I S I C E D N E I M H
N A I D H O U S E T C I C C
O T T E T N E M A I L R A P
I I P N L X N R T I L C M L
T O U T A R O I T A A E P A
C N R T E P L A W D R T A T
E A R V R O R S E W E A I F
L L O O P Y X M G K D T G O
E G C A N D I D A T E S N R
E V I T U C E X E K F M S M

ACADEMIC
AUTHORITY
CAMPAIGNS
CANDIDATES
CHANGE
CORPORATE
CORRUPTION
DECISIONS
DEMOCRAT
ELECTIONS
EXECUTIVE
FEDERAL
GOVERNMENT
GROUP
HOUSE
LAWS
MAJORITY
MILITARY
NATIONAL
PARLIAMENT
PLATFORM
POLITICIAN
POWER
PRESIDENT
REVOLUTION
STATE
TAXES

Solution on page 253

Art History

S L G E S N G I S E D Q L P
K A E R N E G N T E V R A C
E Y V N R E A L I S M D R I
T E T N E I C N A T O A U A
C R A D A R A S R Y N V M S
H S P R B C V C T L E I E O
P W A A E A U U R E T N A M
R F E W R P R T O Y O C S P
E R U I Y T M O P L L I E L
L A T N A T I E Q A R I L A
I M A G E S U S T U N U C U
E E T F O R M A T S E E W S
F T S A C V M U E S U M L I
W A R H O L F E L B R A M V

ACRYLIC
ANCIENT
ARTISTS
BAROQUE
BEAUTY
CANVAS
CARVE
CAST
CUT
DA VINCI
DESIGNS
DRAWING
EASEL
FORMATS
FRAME
FUTURISM
GENRE
IMAGES
LAYERS
LOUVRE
MARBLE
MONET
MOSAIC
MURAL
MUSEUM
OIL
PAINTING
PANEL
PORTRAIT
REALISM
RELIEF
SCENE
SKETCH
STATUE
STYLE
TEMPERA
VISUAL
WARHOL

Solution on page 253

On the Tube

S S L E N N A H C P B S C A
G K F A M I L Y G U Y E O W
N E R O D I G I T A L I L A
I L A O X A T H G S T V O R
T B N C W S N E A M I O R D
A A A B A T N T M R U M O S
R C L A C R E O E I P S V M
R N O X S L T N S N R O I O
E N G M L B M O H P N P V C
A U D I E N C E O N M A R T
L V T M E D I A W N P I U I
I E R P F R I E N D S S S S
T O B H D A T E L I N E E C
Y D L E F N I E S A M A R D

ABC
ANALOG
ANTENNA
AUDIENCE
AWARDS
CABLE
CARTOONS
CBS
CHANNELS
CNN
COLOR
COMEDIES
CSI
DATELINE
DIGITAL
DRAMAS
ESPN
FAMILY GUY
FOX
FRIENDS
GAME SHOW
HBO
MEDIA
MOVIES
MTV
MUSIC
NBC
NETWORKS
OPRAH
PBS
PRIME TIME
RATINGS
REALITY
SATELLITE
SEINFELD
SIMPSONS
SITCOMS
SURVIVOR

Solution on page 253

Sewing Supplies

E N I H C A M R E P P I Z L
L N I B B O B M O C R N G N
B D O U M Q E L T H E T R O
M M F T Q H Y I E A T E E T
I P A T T E R N M L T R P T
H O S T S U N E P K U F P O
T O T T E E B N L S C A I C
O H E S L R O C A U Y C R I
L R N D C T I E T M R I M R
C I E W I T M A E D A N A B
P E R O S E S I L K T G E A
N S N A P S C I S S O R S F
G S L A K C I T S D R A Y G
J E T L E F N O B B I R O N

BOBBIN
BUTTON
CHALK
CLOTH
COTTON
ELASTIC
FABRIC
FASTENER
FELT
HEM
HOOP
INTERFACING
IRON
LINEN
MACHINE
MANNEQUIN
MATERIAL
NEEDLE
NOTIONS
PATTERN
PINS
POLYESTER
RIBBON
ROTARY CUTTER
RULER
SCISSORS
SEAM RIPPER
SILK
SNAPS
TAPE MEASURE
TEMPLATE
THIMBLE
YARDSTICK
ZIPPER

Solution on page 253

Loud Music

Y	W	O	H	S	X	J	D	K	C	O	R	R	R
E	G	E	L	L	O	C	E	L	Y	P	E	J	E
O	S	T	A	E	B	S	A	M	B	S	P	A	I
G	B	U	L	C	M	M	F	R	O	T	O	Z	F
N	E	N	B	N	O	U	E	U	T	N	U	Z	I
I	C	N	O	R	O	R	N	O	H	E	N	N	L
B	N	A	O	X	B	D	I	E	E	L	D	E	P
B	A	U	N	H	I	W	N	R	R	U	I	I	M
O	S	N	P	N	P	O	G	E	S	B	N	G	A
R	I	O	G	O	O	O	U	T	O	R	G	H	Y
H	U	I	C	K	L	Y	R	S	M	U	E	B	T
T	N	S	S	A	B	I	I	C	E	T	D	O	R
L	I	E	C	N	A	D	C	N	I	J	U	R	A
D	S	G	U	L	P	R	A	E	G	M	R	S	P

AMPLIFIER
ANNOYING
BASS
BEATS
BOOM BOX
BOTHERSOME
CAR
CLAMOROUS
CLUB
COLLEGE
DANCE
DEAFENING
DISCO
DRUMS
EARPLUGS
INDUSTRIAL
JAZZ
MICROPHONE
NEIGHBORS
NOISE
NUISANCE
OBNOXIOUS
PARTY
POLICE
POUNDING
RAP
RESOUNDING
ROCK
RUDE
SHOWY
STEREO
THROBBING
TURBULENT

Solution on page 254

Casinos

O N I W G G H S A C K S I R
D N Y T R A P R U R P E C A
D Y E N O M D N E A T H L X
S E E K O E R Y R E I C E S
B L A C K J A C K P O T S R
I F L U I L C N S H N T E E
N F O L P D U X O A A L F S
G U S Y O J E L S B A V E O
O H I D K R O U L E T T E L
E S N A E B K E D T N E V E
D V G L R T G N I K N I R D
I M I N I M U M A X I M U M
V F F O Y A P I T B O S S I
D T O L S W A G E R F U N G

ALCOHOL
ANTE
BANKROLL
BET
BINGO
BLACKJACK
CARD
CASH
CHIPS
COMPS
CRAPS
DEALER
DICE
DRINKING
EVENT
FUN
GAME
JACKPOTS
JUNKET
KENO
LADY LUCK
LOSERS
LOSING
MAXIMUM
MINIMUM
MONEY
ODDS
PARTY
PAYOFF
PIT BOSS
PLAYER
POKER
RISK
ROULETTE
SHUFFLE
SLOT
TABLE
VIDEO
WAGER
WIN

Solution on page 254

Travel Abroad

W X A L E R U T L U C S R S
F A L E N A L P T E K N U J
J Z L T I C K E T S T Y O B
P A C K S M O T S U C S T F
L O D G I N G Y E N R U O J
T O P N U N E E E P I R T H
R R B I C L G G S L E T O H
O E O P H O A R A I L W A Y
P G R P A S U V G G U I D E
R A D O S T G N I N G R D T
I L E H I S N P T R I U C A
A L R S L E A R N R R Y L X
J I I E R O L P X E Y A L I
X V Y A W B U S T H G I S F

AGENCY
AIRPORT
ARRIVAL
BORDER
BUS
COUNTRY
CRUISE
CUISINE
CULTURE
CUSTOMS
EXPLORE
FLYING
FOREIGN
GUIDE
HOSTEL
HOTEL
JOURNEY
JUNKET
LANGUAGE
LEARN
LODGING
LUGGAGE
PACK
PASSPORT
PLANE
RAILWAY
RELAX
SHIP
SHOPPING
SIGHTS
SUBWAY
TAXI
TICKETS
TOUR
TRIP
VILLAGE
VISIT
WALKING

Solution on page 254

Going Shopping

S C E R O T S E O H S R A W
L N S T A T I O N E R Y R O
A S I S N P R I C E L E O R
E G R A H C P N E T T S T R
D D O N G T A L L D K W A O
E L E C T R O N I C S O L B
B G G H A U A R B A V R A E
I R N E R O E B O O N B C R
T O L C E C I G M R Y C S O
C C L K T D K I O S K B E T
A E O O A O R E T U R N S S
R R R U I O C O U P O N S T
D Y T T L F R H A G G L E E
C Z S K C E H C K N A B N P

APPLIANCES
AUTOMOBILE
BABY STORE
BANK CHECK
BARGAINS
BORROW
BROWSE
CHARGE
CHECKOUT
CLEARANCES
COUPONS
DEALS
DEBIT CARD
DIRECTORY
ELECTRONICS
ESCALATOR
FOOD COURT
GROCERY
HAGGLE
KIOSK
LOAN
PET STORE
PRICE
RETAIL
RETURNS
SHOE STORE
STATIONERY
STROLL

Solution on page 254

Geological Study

A S E N O T S L I S S O F H
T L C D T H A P E L T N A M
A A I I C I N O T C E T U I
R R M U Q S D S R E Y A L N
T E S Q M T S C O N G C T I
S N I I A O T R C O R E S N
I I E L P R O U K Y O D I G
G M S N P Y N S S G U C G S
O S L A I R E T A M N L N E
L M O U N T A I N S D I E T
O S M E G L N A M G A M O A
E L I O S D O O L F P A U L
G A M B E R U T C U R T S P
S O L I D N O I S O R E A Z

AMBER
CLIMATE
CONTINENT
CORE
CRUST
CRYSTALS
DIRT
EROSION
FAULTS
FLOODS
FOSSILS
GEMS
GEOLOGIST
GROUND
HISTORY
IGNEOUS
LAYERS
LIQUID
MAGMA
MANTLE
MAPPING
MATERIALS
MINERALS
MINING
MOUNTAINS
PLATES
ROCKS
SANDSTONE
SEISMIC
SOIL
SOLID
STONES
STRATA
STRUCTURE
TECTONIC
TIME

Solution on page 255

Happy Anniversary

S P E C I A L H A R M O N Y
F R I E N D S R E W O L F L
V Y S F M I H U S R A E Y S
B D G A R U E T R T W G E Y
O N U E S C N D H P I I L R
N A H B N E X I N F R I F L
D C A A S S A Y T O M I G E
E N M E Z N N S M A M O S W
D O R G N O L E F I L A D E
R P C U M O M V Q D O P I J
E B A E E L I B U J V A N D
K L R H O L I D A Y E R N A
A E D E G A I R R A M T E T
C C E L E B R A T E L Y R E

ANNUAL
BALLOONS
BONDED
CAKE
CANDY
CARD
CELEBRATE
CEREMONY
CHERISH
DATE
DIAMOND
DINNER
FAMILY
FLOWERS
FRIENDS
GIFTS
GOLD
HARMONY
HOLIDAY
HUGS
HUSBAND
JEWELRY
JUBILEE
LIFELONG
LOVE
MARRIAGE
MEMORIES
PARTY
PLATINUM
PRESENTS
ROMANCE
SPECIAL
SURPRISE
WIFE
YEARS

Solution on page 255

Housecleaning

V T W I P E L A T H E R K T
M A O T O I L E T H T O L C
A Z C W J V K S D U S T F B
E J G U E C E G S C R U B Y
L P O M U L A L A U N D R Y
G Y I B K M S O K R A S O B
X R K M L P P V K R B O O U
G C R A O E R E I K A A M S
S C A N E O A S T L S P G B
P L G W O U R C C E G D S E
R E S L X I Q D H T L I F W
A A F R U O C S E L B B U B
Y N W E D L I M N B U F F O
R E T A W D E N I H S A W C

BEDROOM
BLEACH
BROOM
BRUSH
BUBBLES
BUCKET
BUFF
CLEAN
CLOTH
COBWEBS
DISHES
DUST
FILTH
FLOOR
GARBAGE
GLEAM
GLOVES
GRIME
KITCHEN
LATHER
LAUNDRY
MILDEW
MOP
RAGS
SCOUR
SCRUB
SHINE
SOAP
SPARKLE
SPONGE
SPRAY
SQUEAKY
SUDS
SWEEP
TOILET
TOWELS
VACUUM
WASH
WATER
WIPE

Solution on page 255

Fashion Design

K R S D E S I G N E M O W D
L T O B U Y E R S K E T C H
A A C L Q J E W E L R Y E W
W I I T O T L F B E A U T Y
T L A R T C A F M S E N A L
A O L A E B U U U G N I E E
C R P Y R T S U D N I Q R B
T C H I C N A F R I Z U C A
R U C S O A C M E W A E L L
I T N C U I T O S A G J O V
K A E H T L R D S R A W T F
S H R O U A E E M D M Z H C
G K F O R T N L S H O E S J
S T Y L E I D E A S T N A P

ART
BEAUTY
BUYERS
CASUAL
CATWALK
CHIC
CLOTH
COLOR
CONSUMER
COUTURE
CREATE
CUT
DESIGN
DRAWING
DRESS
FABRIC
FRENCH
FUN
HAT
IDEAS
INDUSTRY
ITALIAN
JEWELRY
LABEL
MAGAZINE
MATERIAL
MODEL
PANTS
PATTERN
SCHOOL
SEW
SHOES
SKETCH
SKIRT
SOCIAL
STYLE
TAILOR
TREND
UNIQUE
WOMEN

Solution on page 255

Travel by Train

W X C R A I L W A Y S T N G
D X O A S T A T I O N I Q C
I R A C L I A R S E A T S O
E M L G E S R A C R M E Y N
S O D N E N I L T P L V E D
E N V I W A G R C A L I X U
L O K N S R E I E S U T P C
E R A I L T R A N S P O R T
C A R D U D A L N E U M E O
T I T M H I K N O N B O S R
R L M T O P E D C G L C S T
I O A T R A V E L E I O L E
C S D A O R L I A R C L N M
S T E A M G N I S S O R C G

AMTRAK
CARS
COAL
COMMUTER TRAIN
CONDUCTOR
CONNECT
CROSSING
DEPOT
DIESEL
DINING CAR
DISTANCE
ELECTRIC
ENGINE
EXPRESS
LINE
LOCOMOTIVE
LONG
METRO
MONORAIL
PASSENGERS
PUBLIC
PULLMAN
RAIL TRANSPORT
RAILCAR
RAILROADS
RAILWAYS
RAPID TRANSIT
SEATS
STATION
STEAM
TRAVEL

Solution on page 256

Play the Violin

V S H E E T M U S I C I A N
S C V I N S T R U M E N T S
O I A C O U S T I C S Z X S
U N F E C N A M R O F R E P
N O A O G N I Y A L P T I C
D M R R U B A N V Z O T O E
I R T E L R O S I N C N E L
F A S L L S S E D H C B G L
F H E D O M S T A E C A D O
I B H D R A O B R E G N I F
C O C I C L L T T I T D R N
U W R F S L O R S Y N O B E
L U O T U N I N G P E G S C
T E T R A U Q G N I R T S K

ACOUSTICS
BAND
BOW
BRIDGE
CASE
CELLO
CHIN
CONCERTO
DIFFICULT
EBONY
FIDDLER
FINGERBOARD
FOUR STRINGS
HARMONICS
INSTRUMENTS
MUSICIAN
NECK
NOTES
ORCHESTRA
PERFORMANCE
PITCH
PLAYING
ROSIN
SCROLL
SHEET MUSIC
SMALL
SOLO
SOUND
STRADIVARIUS
STRING QUARTET
TUNING PEGS

Solution on page 256

Gleeful

E J K H U P L I F T E D E G
L U F H T R I M E R R Y L T
G I D E T H G I L E D A K N
G L G N I M A E B X D G C A
I U C H E E R Y F H E S U Y
G F E N T E R T A I N A H O
R E G N I H G U A L D T C U
D E Y O J R E V O A E I J B
E L P Y T N U A J R T S O J
S G Y P P A H Y R A A F V O
A J U B I L A N T T L I I Y
E N I R G H A S J E E E A O
L F R O L I C Y S D Z D L U
P D A N C E U P H O R I C S

BEAMING
BUOYANT
CHEERY
CHIPPER
CHUCKLE
DANCE
DELIGHTED
ECSTATIC
ELATED
ENTERTAIN
EUPHORIC
EXHILARATED
FROLIC
GAY
GIGGLE
GLAD
GLEEFUL
GRIN
HAPPY
JAUNTY
JOVIAL
JOYOUS
JUBILANT
LAUGHING
LIGHTHEARTED
MERRY
MIRTHFUL
OVERJOYED
PLAY
PLEASED
SATISFIED
UPLIFTED

Solution on page 256

Urban Living

S D W O R C O M M U T E R B
R S S V I P A U K T S E D Y
I K Y T O I N A O T T E A C
A Y Y L R I N W O T N W O D
T S I P C E N R I S E N E E
S C O I P H E L E E D T L L
E R P S O S I T R O A E L P
T A A U L K G F S L V I S O
L P S B L R H R U A V X T E
E E T W U A B P T E B A U P
S R H A T P O O L O F T D D
I E G Y I P R Y A W H G I H
O N I G O M S E C I F F O U
N T L I N D U S T R Y Y D B

AIRPORT
BARS
BUS
CITY
COMMUTE
CONDOS
CROWDS
DENSE
DOWNTOWN
ELEVATOR
FREEWAY
HIGHWAY
HUB
INDUSTRY
LIGHTS
LITTER
LIVELY
LOFT
MUNICIPAL
NEIGHBORS
NOISE
OFFICES
PARKS
PEOPLE
POLICE
POLLUTION
POPULATED
RENT
SKYSCRAPER
SMOG
STAIRS
STORES
STREETS
STUDIO
SUBWAY
TAXI
TOWNHOUSES

Solution on page 256

Museum Visit

U S C U L P T U R E D N O W
S R I N E V U O S A V N A C
S U R E F P I R T D L E I F
R A R T X N O S T A L G I A
E S K E T C H E N S S A P K
V O R C W W A O R Y E I K N
O N O N T F I V R U H U G O
C I T E H T S E A S T N G W
S D A I A A L S R T I A L L
I Z R C O L L E C T I O N E
D N U S A E B L N R U O T D
W D C G D M C I L E R A N G
E G B O E X A M I N I N G E
M U M M Y P A M P H L E T E

AESTHETIC
ART
CANVAS
COLLECTION
CURATOR
DINOSAURS
DISCOVER
EDUCATIONAL
EXAMINING
EXCAVATION
FIELD TRIP
GALLERY
GUEST
HALL
KNOWLEDGE
MEMBERSHIP
MODELS
MUMMY
NATURE
NOSTALGIA
PAINTING
PAMPHLET
PASS
RELIC
SCIENCE
SCULPTURE
SKETCH
SOUVENIRS
TOUR
WONDER

Solution on page 257

Mountain Climbing

S Y R A L L I H E I G H T S
K S A F E T Y D L E V A R T
I T E V E R E S T I B E T E
I I C E A X E N O N I R X E
N M A T H L E T I C E E P P
G M I Z A C R S A H R C A E
H U R P S A N L T C U L S B
I S E E I O G A I E T V A A
K N D N P N E S L I N S G P
I B I M I W E B T A E T E E
N N A P C D O U E C V D A A
G R M O I O D N A L D A R K
C A L U T E K M S C A V E S
C D G S A L P I N E G Y X O

ADVENTURE
ALPINE
ALTITUDE
ASCENT
ATHLETIC
AVALANCHE
BASE CAMP
BELAY
BOOTS
CAMPING
CAVES
COLD
CRAMPONS
DESCENT
EVEREST
EXERCISE
GEAR
GLACIERS
GUIDE
HEIGHTS
HIKING
HILLARY
ICE AXE
NEPAL
OXYGEN
PEAKS
SAFETY
SKIING
SNOW
STEEP
SUMMITS
TENT
TIBET
TRAINING
TRAVEL
WEATHER

Solution on page 257

Baking

O T I R I T S L V D A E R B
K V W V Y E A S T Z W Z O O
H R E V D B P E S N E A L W
R U E N G O E U B D K L L L
V O E R O R G L D G A G E H
V L H N U A G E P I C E R F
B F A A R S S N I F F U M F
Y N D Y M A A B R O W N Y T
C O O L E W C E T S A B J B
S E Z R T R D K M I H U A W
X S G S P W I A T A M A H A
G I U T O A F N E L E E P T
T R M P I H W A G N A R R E
C U P Y V Q Z P L T K S C R

APRON
BASTE
BEAT
BLEND
BOWL
BREAD
BROWN
CAKE
COOL
CREAM
CRUST
CUP
EGGS
FLOUR
GLAZE
GOURMET
GREASED
HEAT
KNEAD
LAYERING
MEASURE
MIX
MUFFINS
OVEN
PAN
POWDER
RACK
RECIPE
RISE
ROLLER
SALT
SHAPE
SODA
SPOON
STIR
SUGAR
TIMER
WATER
WHIP
YEAST

Solution on page 257

Managers at Work

T I U S T E A M W O R K D C
C L E E H W G I B F E P A Y
E O O T X B U S Y I Y R E E
R T A R A E E V T R O O V E
I N G C T R C T N I L J A S
D E Y N H N O U A N P E L R
F G M Y I H O P T G M C U E
O A U O L T E C R I E T A V
R E E I N D E L O O V L T O
E B S U D I N E P I C E E D
M O T I V A T E M F Y T U D
A S Q Y A S N O I T U L O S
N S R E E R A C R R P L A N
U O R G A N I Z E T F I H S

AGENT
BIG WHEEL
BOSS
BUSY
CAREER
COACH
CONTROL
CORPORATE
DELEGATE
DIRECT
DUTY
EMPLOYER
EVALUATE
EXECUTIVE
FIRING
FOREMAN
FRIENDLY
GUIDANCE
HELPFUL
IMPORTANT
MEETING
MONITOR
MOTIVATE
ORGANIZE
OVERSEE
PAY
PLAN
PROJECT
RAISE
SHIFT
SOLUTIONS
SUIT
TEAMWORK

Solution on page 257

Flower Shop

Y S I A D I H C R O L N P S
B O U Q U E T U L I P S U L
D E K C I P C T D A S I R L
N G G S B L O O M I N G C E
W R E A T H F A R V B O H M
M W H R N F R I F A R Y A S
A B Y F A Y I L N S T R S L
I L A D L N O G A E I E E I
N O C L P R I G B G Y V S L
U S I R I S E U O G P I O I
T S N S E V O L M Q R L R E
E O T D Q T D F L O W E R S
P M H B O W S G N I D D E W
S L A T E P G A R L A N D N

AMARYLLIS
ASTER
BLOOMING
BLOSSOM
BOUQUET
BOWS
CORSAGE
CUT
DAFFODIL
DAISY
DECORATE
DELIVERY
DESIGN
FLORIST
FLOWERS
GARLAND
GERANIUM
GIFTS
GREEN
HYACINTH
IRIS
LILIES
LOVE
MARIGOLD
ORCHID
PETALS
PETUNIA
PICKED
PLANT
PURCHASE
ROSES
SMELLS
TULIPS
VASE
WEDDINGS
WREATH

Solution on page 258

Autographs

B Y T R A D E L J E R S E Y
W A H O U N D T S I T R A N
R H N S T A R H O C K E Y E
I B P D H T E K C I T Y B P
T O K A O C B A S E B A L L
E O F O R G E R Y L S L T E
U K F J O G H L H K A P A T
L L A B T O O F E A S C T T
A N M F C L B T R B T O H E
V A O W E F B B O O R S L R
I M U B L A Y B R H O I E S
N E S L L I B Y A L P G T B
K U F L O U R I S H S N E Y
M U S I C I A N O I T C U A

ACTOR
ALBUM
ARTIST
ATHLETE
AUCTION
AUTHOR
BAND
BASEBALL
BASKETBALL
BOOK
CELEBRITY
COLLECTOR
COSIGN
FAKE
FAMOUS
FLOURISH
FOOTBALL
FORGERY
GOLF
HAT
HERO
HOBBY
HOCKEY
HOUND
INK
JERSEY
LETTERS
MUSICIAN
NAME
PEN
PHOTOGRAPH
PLAYBILL
PLAYERS
SPORTS
STAR
TICKET
TRADE
VALUE
WRITE

Solution on page 258

Auctions

E C I R P C P B G Y T G T L
O L L E S A A R T W O R K A
F I C L E R K I O I L D S N
F S D L G D R C N X E T A D
E T N A W A A G J A Y N L I
R I I C H T N E L I S E E B
E N L C T W W S S J E G V U
U G B L S E U Q I T N A A Y
L E E M L P A I N T I N G G
A S S R U T N E M Y A P B O
V U Y T C I S U L P R U S O
S O L D A B D E Z I E S K D
I H P L A T F O R M V R G S
M O N U M B E R P S M E T I

ABSENTEE
AGENT
ANTIQUES
ARTWORK
BARGAIN
BID
BLIND
BUY
CALLER
CARD
CATTLE
CHARITY
CLERK
DEALS
ESTATE
GAVEL
GOING
GOODS
HOUSE
ITEMS
JEWELRY
LAND
LISTING
LIVE
LOT
NUMBER
OFFER
PAINTING
PAYMENT
PLATFORM
PODIUM
PRICE
PROXY
SALE
SEIZED
SELL
SILENT
SOLD
SURPLUS
VALUE

Solution on page 258

At the Dentist

B R I D G E D I R O U L F T
J E U Q A L P L S R A L O M
A S E R U T N E D R O N G S
W D E C A Y B G O S G N E R
S A L I V A R G S U I V V I
S I N K T I N I E W O T R A
E R S G N I N A E L C S E H
A N O D H G V H G O A I N C
G L I S B Q C A R O L T A R
D N U L I R F F C S C N M O
G R I K M C A C H E I E E W
B T I T R U N C O N U D L N
F I L L I N G I E S M I L E
E X A M L B S S E S N I R M

ACHE
BITING
BRACES
BRIDGE
BRUSHING
CALCIUM
CANINES
CAVITIES
CHAIR
CHEWING
CLEANINGS
CROWN
DECAY
DENTIST
DENTURES
DRILL
ENAMEL
EXAM
FANGS
FILLING
FLOSSING
FLUORIDE
GLOVES
GNAW
GOLD
GRINDING
GUMLINE
INCISORS
JAWS
LOOSE
MOLARS
NERVE
ORAL
PLAQUE
RINSE
SALIVA
SINK
SMILE
TONGUE

Solution on page 258

Tool

T H I P D M E T A L E L I F
P M O W O R K B U F M R U G
E D T E O W B F I S D U D E
G R D R W R E N C H P L S U
W I N C U S K R N L C E G F
O L A S U R E M M A H R A D
B L H A X E N L B T I E W R
W E A N V I L E E N S N X A
A W L D R L R K D S E A T K
L O B T V P C E I R L L A E
E R A B W O R C T R A P S W
V T N L S E K A M T O G K A
E W D A B L A D E B U N R A
L A T H E F P D E V I C E T

ANVIL
AWL
AXE
BAND
BELT
BLADE
BOW
BRUSH
CHISEL
CROWBAR
CUTTER
DEVICE
DRILL
FILE
GARDEN
GRINDER
HAMMER
HAND
HOE
IRON
KNIFE
LATHE
LEVEL
MAKE
METAL
PLANER
PLIERS
POWER
RAKE
RULER
SCREW
SICKLE
SOCKET
SPEAR
TASK
TROWEL
USEFUL
WOOD
WORK
WRENCH

Solution on page 259

The International Space Station

K R E S E A R C H T R A E G
H O C Y G O L O N H C E T A
E R R E S E N A P A J C F L
G B E C Z T A O L F O P A A
S I W P O S U N O O M R R X
S T F N A S G A P J A O C Y
E X P E R I M E N T S J E T
L A U N C H R O B O U E C I
T N O I T A T S N O R C A L
H Y R O T A R O B A L T P I
G E V I S N E P X E U G S C
I G O V E R N M E N T T V A
E N A S A T E L L I T E S F
W R U S S I A N S T U D Y X

ASTRONAUTS
COOPERATION
COSMONAUTS
CREW
EARTH
EXPENSIVE
EXPERIMENTS
FACILITY
FLOAT
GALAXY
GLOBE
GOVERNMENT
JAPANESE
LABORATORY
LAUNCH
MOON
NASA
ORBIT
PROJECT
REPAIR
RESEARCH
RUSSIANS
SATELLITES
SPACECRAFT
STATION
STUDY
SUN
TECHNOLOGY
USA
WEIGHTLESS

Solution on page 259

Bar Scene

O R Y I B Q R C R O W D X T
C H X S U O I E H E T B T H
S Y B G P S T S C I L F M M
I T U U U H T T G N A A I T
D H L M G O F A L R U X X Z
N M C U O N R J D E E O N D
A G A L D N I S R R S B B Y
B L S T I A E C I G E E O P
E O T S I L N T N L T K O O
E U H A G P D N K A A U T G
R D G N B N S E S S D J H Q
U L I Q U O R V J S O Q G I
S S L F Y G R E N E O N I N
U F E T A L I N E S F V N T

ADULTS
ALE
BAND
BEER
BOOTH
BOTTLES
BOUNCER
CLUB
CROWD
DANCING
DATE
DISCO
DRAFT
DRINKS
ENERGY
EVENT
FOOD
FRIENDS
FUN
GARNISH
GLASSES
JUKEBOX
LATE
LAUGHTER
LIGHTS
LINES
LIQUOR
LOUD
MIXER
MUGS
MUSIC
NEON
NIGHT
PUB
RELAX
RHYTHM
SINGLES
STOOLS
TAB
TIPS

Solution on page 259

Newsstand

E C N E I N E V N O C S P H
N S I O R O D N E V P O A E
I S E G I Y A L P S I D P A
Z A L R A T H E H E R A L D
A L Y G I R A S C F P B L L
G E D O L A E M I E O B A I
A S N S E L L T R O C U C N
M A A S C R Y S T O I S I E
L H C I D L T H F E F I D G
O C T P I H S F C X S N O A
C R P A S S E R S B Y E I Z
A U D A X E F L L A T S R E
L P C S E M I T E H T S E B
S W E N P O L I T I C S P O

ARTICLES
BOOTH
BUSINESS
CANDY
CASH
CIGARETTES
COFFEE
CONVENIENCE
DAILY
DISPLAY
GAZEBO
GOSSIP
HEADLINE
INFORMATION
LIFESTYLE
LOCAL
MAGAZINE
NATIONAL
NEWS
PAPERS
PASSERSBY
PERIODICAL
POLITICS
PURCHASE
SALES
SELL
SERIALS
SODA
STALL
THE HERALD
THE TIMES
VENDOR

Solution on page 259

Listen to Jazz

S O L O A R T I E S H A W T
J N A E R O C K C I H C W O
D O U B L E T I M E T E R M
A S H O W U G R O O V E L M
L K O N D J U M P O B E B Y
L C U K C E B U R B E V A D
A A G N U O Y R E T S E L O
B J E K R A L C Y N N E K R
O T C H O R D T U N E S T S
O L N C I N O M R A H V A E
G I E C O U N T B A S I E Y
I M D B I L L E V A N S B J
E N A M D O O G Y N N E B F
A A C J Z M U R D F F I R W

ARTIE SHAW
BALLAD
BEAT
BEBOP
BENNY GOODMAN
BILL EVANS
BOOGIE
CADENCE
CHICK COREA
CHORD
COOL
COUNT BASIE
DAVE BRUBECK
DOUBLE TIME
DRUM
GROOVE
HARMONIC
JOHN COLTRANE
JUMP
KENNY CLARKE
LESTER YOUNG
METER
MILT JACKSON
RIFF
SOLO
TOMMY DORSEY
TUNES

Solution on page 260

Tropical

L A G O O N C B T S A N D B
T A N S E O N A C S H A R K
Y D R U C O E J O C E A N W
A I S O F H E P A C S E E R
W M N T C P Q E X K I A E E
A U O I V Y B L N A T T D G
T H R U C T O I T H R O N G
E W K Q L T R I E E L P A A
G A E S I D A R A P A I L E
H V L O M M N T H P N U S M
S E N M A G A I A I H T I R
I S A L T Y N Y K F O O D A
F L O W E R A I V R E T A W
V S Z V A U B Q M R E E F M

BANANA
BEACH
BIKINI
CANOES
CLIMATE
COCONUT
CORAL
DOLPHIN
DRINKS
ESCAPE
FISH
FLOWER
FOOD
FUN
GETAWAY
HEAT
HUMID
ISLAND
LAGOON
LOTION
MAI TAI
MOSQUITO
OCEAN
PAPAYA
PARADISE
REEF
REGGAE
RETREAT
SALTY
SAND
SHARK
SNORKEL
STORM
SUN
TANS
TYPHOON
WARM
WATER
WAVES
WEATHER

Solution on page 260

Scholars

P D H C R A E S E R U T A M
U O N E P D A C A D E M I A
B C I R U E S L A N R U O J
L T G T N T S C H O O L E D
I O K I I A E N I L T U O T
S R N F V I A W A R D C G I
H A O I E C N S D L E I F N
Y M W C R O S S E F O R P F
R O L A S S M A R T A R D O
A L E T I S Y D U T S U E R
R P D E T A V I T L U C G M
B I G L Y E G E L L O C R E
I D E V O T E D U C A T E D
L I T E R A T E C N R A E L

ACADEMIA
ASSOCIATE
AWARD
CERTIFICATE
COLLEGE
CULTIVATED
CULTURED
CURRICULUM
DEGREE
DEVOTED
DIPLOMA
DOCTOR
EDUCATED
FIELDS
INFORMED
JOURNALS
KNOWLEDGE
LEARN
LIBRARY
LITERATE
MATURE
OUTLINE
PEN
PROFESSOR
PUBLISH
RESEARCH
SCHOOLED
SMART
STUDY
UNIVERSITY

Solution on page 260

Hands

Y	E	A	I	Z	J	Q	W	M	C	H	B	S	Q
Y	W	N	R	I	N	G	O	N	Y	T	R	I	D
L	H	T	H	D	R	Y	A	T	N	I	O	P	F
D	X	S	H	A	K	E	V	A	W	C	B	A	D
F	U	D	B	U	L	Y	L	C	S	K	I	N	S
P	M	N	Q	C	M	H	C	T	U	L	C	S	H
D	G	O	S	H	S	B	R	H	N	E	G	G	O
L	L	I	C	D	E	O	T	S	H	E	V	R	L
E	J	T	Y	K	N	I	P	A	T	I	G	I	D
H	A	O	N	G	O	A	I	W	O	L	O	P	F
C	S	L	I	T	B	R	H	I	O	C	K	M	X
U	E	P	W	N	S	E	Z	V	M	L	L	U	P
O	A	M	I	T	T	I	E	V	S	L	I	A	N
T	F	O	S	B	R	S	F	Z	W	S	L	A	P

BONES
CATCH
CLAP
CLEAN
CLUTCH
DIGIT
DIRTY
DRY
FIST
FIVE
GENTLE
GLOVES
GRAB
GRIP
HAIRS
HANDS
HELD
HOLD
JOINTS
LOTION
MITT
NAILS
PAT
PINKY
POINT
PULL
PUSH
RING
SHAKE
SKIN
SLAP
SMOOTH
SNAP
SOFT
STRONG
THUMB
TICKLE
TOUCH
WASH
WAVE

Solution on page 260

Explore Outdoors

V G N I Z A L B L I A R T A
I G N I P M A C H Y I R N D
E N N T R E K K I N G Y E V
W I I O T P A R K S R O M E
I B A U I A A O I T B S P N
L M R R M T Q M N I O S I T
D I R I M H A U G C O E U U
E L E S U S O E T K T N Q R
R C T M S C F O R E S T E E
N K B U S H W H A C K I N G
E C M S L L I H I P E F U R
S O O A N I M A L S O R F A
S R L O N G D I S T A N C E
C B A C K P A C K I N G X G

ADVENTURE
ANIMALS
BACKPACKING
BOOTS
BUSHWHACKING
CAMPING
CROSS COUNTRY
EQUIPMENT
FITNESS
FOREST
FUN
GEAR
HIKING TRAILS
HILLS
LONG DISTANCE
MAP
PARKS
PATHS
RECREATION
ROCK CLIMBING
STICK
SUMMIT
TERRAIN
TOURISM
TRAILBLAZING
TREKKING
VIEW
WILDERNESS

Solution on page 261

Cup of Tea

C O B G U R T R X M I L K R
Y T R A P I E D R B A G N A
O O E A S C E L E A T E I F
O P W A U R S A A D G D R K
L A N A O U O N I X N U D C
O E S V R M O I N I I E S A
N T A I B P L C F T H N L L
G L T V C E Y I U N T B G B
F S X H E T V D S N O M E L
G N O R T S T E E P O O S P
V T E A R O O M R T S J P I
W H I T E N I M S A J P U S
A L O O C A L M I N G T C D
Y C I P S W E E T N E E R G

BAG
BEVERAGE
BLACK
BLENDED
BREW
CALMING
COOL
CREAM
CRUMPETS
CUPS
DRINK
FLAVORED
FRUIT
GREEN
HOT
INDIA
INFUSER
JASMINE
LEAVES
LEMON
LOOSE
MEDICINAL
MILK
OOLONG
PARTY
RELAXING
SAUCER
SIP
SOOTHING
SPICY
SPOON
STEEP
STIR
STRONG
SUGAR
SWEET
TEAPOT
TEAROOM
TISANE
WHITE

Solution on page 261

Trucker

T R O P S N A R T E L L A P
T N E M P I H S H I P P E R
R A S N M R B I G R I G E T
E X N E I L O G B O O K C L
C L S D K A X N T K O U A R
E E T Y E A T I G R C N T T
I Z N R U M R N B I I O S E
V C I T U E U B O M S E D R
E A P S S C C R R C F N Y O
R R G U R L K E R I Z G O T
A R N D O E T L N A A I V C
D I I N A U V A O S G N N A
I E K I D F M O E A J E O R
O R L E F L A T B E D A C T

AIR BRAKES
AXLE
BIG RIG
BOX TRUCK
BROKER
CARRIER
CONSIGNOR
CONTAINER
CONVOY
DEMURRAGE
DOCK
ENGINE
FLATBED
FUEL
GAS
INDUSTRY
KINGPIN
LOG BOOK
MANIFEST
OVERSIZE
PALLET
RADIO
RECEIVER
ROAD
ROUTE
SEMI
SHIPMENT
SHIPPER
TANDEM
TERMINAL
TIRES
TRACTOR
TRANSPORT
TRUCKLOAD

Solution on page 261

On the Radio

D I A L K W O H S K L A T K
K C D I S C U S S I O N W B
C O N T E S T S S W E N R P
O M E T A B E D L M N O M O
R M E C I V D A E O A U I P
Y E K C O J C S I D S N C F
R R A P A I I T C E T C R W
T C I Z S T A A V E A E O A
N I Z S R C S A R N Q M P R
U A A E I T W V T U C E H N
O L V D A R I E E I E N O I
C D N T I E N N S U N T N N
A Y I A W N C U L T U R E G
S C O S A Y M B U T T O N S

ADVERTISEMENT
ADVICE
AIRWAVES
ANNOUNCEMENT
ANTENNA
BROADCAST
BUTTONS
CLASSICAL
COMMERCIAL
CONTESTS
COUNTRY
CULTURE
DEBATE
DIAL
DISC JOCKEY
DISCUSSION
FREQUENCY
INTERVIEWS
JAZZ
MICROPHONE
MUSIC
NEWS
POP
RAP
ROCK
STATIC
SYNDICATION
TALK SHOW
TUNE
WARNINGS

Solution on page 261

Made of Cotton

Y	F	F	U	L	F	S	K	C	O	S	C	H	F
R	E	K	N	I	T	T	T	N	A	L	P	I	W
O	N	L	Z	N	F	J	O	F	L	I	G	H	T
T	A	F	A	B	R	I	C	W	O	G	D	M	K
S	T	P	I	B	S	I	E	R	E	S	R	N	C
I	U	Y	A	R	N	Y	H	L	O	L	E	A	I
H	R	P	D	A	E	R	H	T	D	P	S	P	P
L	A	C	G	C	L	J	L	W	U	H	S	J	G
L	L	R	W	P	L	I	O	B	E	O	H	D	I
I	O	O	V	W	N	O	T	E	R	E	S	E	N
M	R	A	B	E	L	I	T	X	E	T	V	N	A
G	I	H	N	S	S	S	M	H	B	F	H	I	E
R	H	S	H	I	R	T	E	T	I	H	W	M	L
N	O	L	W	A	R	M	R	A	F	Z	R	T	C

BALE
BOLL
CLEAN
CLOTH
CROP
DENIM
DRESS
FABRIC
FARM
FIBER
FIELD
FLUFFY
GIN
GROW
HARVEST
HISTORY
INDIA
KNIT
LIGHT
LINEN
MILL
NATURAL
ORGANIC
PANTS
PICK
PLANT
SEW
SHEETS
SHIRT
SOCKS
SOFT
SOUTH
TEXTILE
THREAD
TOWELS
WARM
WEEVIL
WHITE
WOOL
YARN

Solution on page 262

Artistic

F I N E T P L E A S I N G S
D O G R L C R E A T I V E T
Y R I U V A S K E T C H C Y
N I S T L T N E M G I P U L
A G E X H E Y O S U B T L E
M A D E P I C T I O N E T L
I M T T D J I I U T D T U E
C I T C E L C E T A O F R G
C V I B R A N T H A E M E A
G N I K I R T S I T M B E N
T N I A P P E R S O N A L T
W E I V S Q L A N I G I R O
M O V I N G T Y A L P S I D
S F G N I W O L F R O L O C

AESTHETIC
ART
BEAUTY
COLOR
CREATIVE
CULTURE
DEPICTION
DESIGN
DISPLAY
DRAMATIC
DYNAMIC
ECLECTIC
ELEGANT
EMOTIONAL
FINE
FLOWING
INSPIRED
MOVING
ORIGAMI
ORIGINAL
PAINT
PERSONAL
PIGMENT
PLEASING
SHADE
SKETCH
STRIKING
STYLE
SUBTLE
TASTEFUL
TEXTURE
VIBRANT
VIEW

Solution on page 262

Budgets

A S T P I E C E R D N E P S
Y E N A K X E D T O L L A L
E L A Y S P C U E I F Z A O
N A R M A E E O N F D T R A
O S G E S N C R U E I E V N
M E A N S S A N S P V C R S
D R M T E E D L A O O E I C
N E A S T S U C Y N N N R T
O S N O N X E R C S I A S T
B E A C U M R A B W I F L I
I R G R O A S W L A C S I F
L V I C C H E C K I N G U O
L E N E C N A L A B F K V R
S I G L A R E D E F N A L P

ACCOUNT
ALLOT
ANALYSIS
ASSET
BALANCE
BANK
BILLS
BOND
CAPITAL
CARRYOVER
CASH
CHECKING
COST
COUPONS
CREDIT
DEFICIT
EARN
EXPENSES
FEDERAL
FINANCES
FISCAL
FUNDS
GRANT
INCOME
LOANS
LUXURIES
MANAGING
MEANS
MONEY
PAYMENT
PERSONAL
PLAN
PROFIT
RECEIPTS
RESERVE
REVENUE
SALES
SPEND

Solution on page 262

Healthy

R X M M P Y V S T U R D Y G
E C I E U R D I T A E E R N
S A W N S S O R T X B L O O
T L S D W I C T A A A I B R
E C A U J Z C L E H L R U T
D I C R O O E R E I A I S S
M U F A E R G G E I N V T R
Y M W N L N O G N X C R A Y
I G O C I M I G I I E S M T
M F R E G M M M I N K R I E
M I K E A F A I G V G L N I
U T O E N O B T N Y R I A D
N P U K C E H C I D L L E W
E B T I U R F L I V E L Y D

AGILE
BALANCE
BONE
BRAIN
CALCIUM
CALM MIND
CHECKUP
DAIRY
DIET
EAT
ENDURANCE
ENERGY
EXERCISE
FIT
FRUIT
HARDY
IMMUNE
JOGGING
LIVELY
MINERALS
MUSCLE
PROTEIN
RELAXED
RESTED
ROBUST
STAMINA
STRENGTH
STRONG
STURDY
SWIM
VIGOROUS
VIRILE
VITALITY
VITAMIN
WALKING
WELL
WORKOUT

Solution on page 262

Summertime

C H L Y N N U S M I W S E E
E I S X Z W M F D H C A E B
N U N R S A A S P N J I B T
J Y C C E M L L T I E L S A
O I A E I W O N K N D I I N
Y M H L B P O O L I A N R U
P O Y M G R I L L I N G F F
T R I P S N A D F B O G V B
S E L C Y C I B Q H M R G S
K U A X T A E H C U E E A W
R D M E A D O W S M L L R E
A R Y M L A B L C I C A D A
P X V L E V A R T D F X E T
E K I H G R A S S G U B N Y

ANTS
BALMY
BARBECUE
BEACH
BICYCLES
BLOOMS
BUGS
CAMP
CICADA
ENJOY
FAMILY
FISHING
FLOWERS
FRIENDS
FRISBEE
FUN
GARDEN
GRASS
GRILLING
HEAT
HIKE
HOT
HUMID
LAZY
LEMONADE
MEADOWS
PARKS
PICNIC
POOL
RELAX
SAILING
SUMMER
SUNNY
SWEATY
SWIM
TAN
TEA
TRAVEL
TRIPS
WALKING

Solution on page 263

Basic Biology

E M M O N R A L U L L E C T
N N J R E S E A R C H V E A
E I Z G Y M O T A N A O R X
R E F A N U C L E U S L U O
G T U N V I S S X B I U T N
Y O N I C L G C P F E T C O
D R C S A Y L I E A T I U M
U P T M L A B O R A T O R Y
T D I S S E C T I O N N T D
S N O S I E H U M A N M S U
A D N A U M O L E C U L E S
S C I T E N E G N I W R A D
Y T I D E R E H T W O R G N
T Y N A T O B A C T E R I A

ANATOMY
ANIMALS
BACTERIA
BOTANY
CELLULAR
CHEMISTRY
CLASS
DARWIN
DISSECTION
DNA
EARTH
ENERGY
EVOLUTION
EXPERIMENT
FUNCTION
GENETICS
GROWTH
HEREDITY
HUMAN
LABORATORY
LIFE
MOLECULES
NUCLEUS
ORGANISMS
ORIGIN
PROTEIN
RESEARCH
STRUCTURE
STUDY
TAXONOMY

Solution on page 263

Playing Backgammon

S L X S T N A I R A V R A B
N U S S N R U T D C R S Y N
W C R E N N I W H I T E G C
A K C A L B E A R O F F E I
P O G A M B L I N G J O T S
A P R O L L A E N G L Y A S
N P G T E D S T E D L B R A
C O U N T E R S R I I E T L
I N G E C P A A M R K A S C
E E D M I C C A U C S V T H
N N I E P C F L E G T E A I
T T C V O U E H H Q H R K P
I E E O N S C I T C A T E S
S F N M S P I P O I N T S D

ANCIENT
BAR
BEAR OFF
BEAVER
BLACK
CASE
CHALLENGE
CHECKERS
CHIPS
CLASSIC
COUNTERS
DICE
DRAUGHTS
FAMILY
FUN
GAMBLING
INDIA
LUCK
MOVEMENT
OLD
OPPONENT
PAWNS
PIECES
PIPS
POINTS
RACCOON
RED
ROLL
RULES
SKILL
STAKES
STONES
STRATEGY
TABLES
TACTICS
TRIANGLES
TURNS
VARIANTS
WHITE
WINNER

Solution on page 263

Lunchtime

F T S T C B Y M E E T I N G
R U O H R E O T R U G O Y G
F Y I E K H U R R Y L M A S
E P L R T S A F C P L B Z I
S A U M P N O E C I U J Z M
X T T O D O O F C I N C I P
T I O S R E K C A R C P P L
K N M S A N D W I C H T A E
U C P P I T R A K O B A N N
F U I V I E I T L F O S M I
C O E U C C N E I F X O S D
M S R E Q Z K R M E N U O Z
R F S K Q T S L F E P P D Q
B S M R R U S H E D A L A S

BAG
CHIPS
COFFEE
CRACKERS
CUPS
DINE
DRINKS
EAT
ERRANDS
FAST
FOOD
FORK
FRUIT
HAM
HOUR
HURRY
JUICE
KNIVES
LUNCHBOX
MEETING
MENU
MILK
NAP
PICKLE
PICNIC
PIZZA
QUICK
RECESS
RELAX
RUSHED
SALAD
SANDWICH
SIMPLE
SODA
SOUP
SPOON
THERMOS
TURKEY
WATER
YOGURT

Solution on page 263

Shows

A C T O R S U E E N I T A M
D C O M E D Y Y M A K E U P
N C T E P P U P R R R F D N
U I P I Y C O S T U M E I S
O T A O N A P P L A U S E T
S I T T P G W A D N A T N H
V R R D R C N D A W S I C G
A C I I B U O I A A U V E I
R Q B S Z L C R G O C A V L
I S U P C I D E N N R L E D
E Z T L G V V C U E I B N R
T H E A T E R T P L C S T A
Y N M Y G P R O D U C E R M
I B A L L E T R E C N O C A

ACTING
ACTORS
APPLAUSE
AUDIENCE
AWARD
BALLET
BROADWAY
CIRCUS
COMEDY
CONCERT
COSTUME
CRITIC
CURTAIN
DIRECTOR
DISPLAY
DRAMA
EVENT
FESTIVAL
LIGHTS
LIVE
MAGICIAN
MAKEUP
MATINEE
OPERA
POPCORN
PRODUCER
PUPPET
SINGING
SOUND
STAGE
THEATER
TRIBUTE
VARIETY
VEGAS

Solution on page 264

Bodybuilder

S T N E M E L P P U S M Y G
W E I G H T L I F T I N G L
F A T T R A C T I V E E A O
S A R A L U C S U M S C Z P
S T S E R I Z N O R I N H H
L S S N D D O W E S C A N Y
L T E E V L Y V Y G R R O S
E E N R T S I H K D E A I I
B R T G P N P U O H X E P Q
B O I Y U H O O B B E P M U
M I F R I I C C R Y R P A E
U D M G N I N N A T D A H T
D S N O I T I T E P M O C O
N O I T I R T U N B C S B A

ABS
APPEARANCE
ATTRACTIVE
BENCH PRESS
BODYBUILDER
CARBOHYDRATES
CHAMPION
COMPETITIONS
CONTESTS
DUMBBELLS
ENERGY
EXERCISE
FITNESS
GYM
HARD
IRON
MR UNIVERSE
MUSCULAR
NUTRITION
OIL
PHYSICAL
PHYSIQUE
SPORT
STEROIDS
SUPPLEMENTS
TANNING
WEIGHTLIFTING
WOMEN

Solution on page 264

Palm Tree

W A R M P L D P O K N U R T
C B M A D A G A S C A R P H
O O G A S C L L T E E S L I
C T N T T I O M R E E A A N
O A I S R P N E O A P R N C
N N P E E O G T P I Z A T L
U I A R S R H T I N L D L I
T C C O E T V O C R S I A M
S I S F D B H A S O Y R T B
R T D N A U A N T F M O S I
O O N I H S W H A I B L A N
U X A A S O A E L L O F O G
G E L R R W I A L A L N C A
H O T G N O I T A C A V B T

BOTANIC
CALIFORNIA
CLIMBING
COASTAL
COCONUTS
CONSERVATION
DATE PALM
DESERTS
EXOTIC
FLORIDA
GROWN
HAWAII
HEAT
HOT
LANDSCAPING
LONG
MADAGASCAR
OCEAN
PALM OIL
PALMETTO
PLANT
RAINFOREST
ROUGH
SAGO
SEA
SHADE
SUBTROPICAL
SYMBOL
TALL
THIN
TREES
TROPICS
TRUNK
VACATION
WARM

Solution on page 264

Rock Star

R N M O N E Y C M B F N V D
S M N G L A M O U R G A O H
H M E V F A N S R O R M I B
O U I T R U O T D A U E C A
W S Y R A T I U G D N I E S
S I T E G L R M D I G F N S
O C Z L C A Z E P E E E E T
N V O R L N Z U D S M R R H
G R O U P I E S T A G E G G
Y W P U L K N I F E C P Y I
D O N O A H V R D N G F J L
P K D M R A D I O U B A N D
S I N G L I A C C L A I M I
N M L X E R I C H J H C S I

ACCLAIM
AUDIENCE
BAND
BASS
BUS
CONCERT
COSTUME
CROWD
DRUM
ELVIS
ENERGY
FAME
FANS
FESTIVAL
GLAMOUR
GLORY
GROUPIES
GRUNGE
GUITAR
HAIR
ICON
IDOLIZED
IMAGE
LIGHTS
MAKEUP
METAL
MONEY
MUSIC
NAME
POPULAR
PUNK
RADIO
RICH
ROADIES
SHOW
SING
SONG
STAGE
TOUR
VOICE

Solution on page 264

Family

S U P P O R T H U S B A N D
T G S I B L I N G S G E U O
N R P I H S D N E I R F F O
U A I R C S O S H D A I K L
A N H A L S N N L L N W Z B
G D S E O E F I L A D Y D U
E F N L S L H S K C P R A E
N A O C E C E U L I A O U G
E T I U D N C O A G R T G A
A H T N F U E C H O E S H I
L E A T G N I V O L N I T R
O R L G R A N D M O T H E R
G D E D N E T X E I S M R A
Y B R O T H E R H B O N D M

AUNTS
BIOLOGICAL
BLOOD
BOND
BROTHER
CLOSE
COUSINS
DAUGHTER
EXTENDED
FRIENDSHIP
FUN
GENEALOGY
GRANDCHILDREN
GRANDFATHER
GRANDMOTHER
GRANDPARENTS
HISTORY
HOME
HUSBAND
KINSHIP
LIFE
LOVING
MARRIAGE
NIECE
NUCLEAR
RELATIONSHIPS
SIBLINGS
SON
SUPPORT
TREE
UNCLES
WIFE

Solution on page 265

Sleep

S B E P G N I M A E R D V O
T E N A R C O L E P S Y M C
E D I S L E E P A P N E A O
K R C H C A S U Q U I E T M
N O I T A N R E B I H W T F
A O D W L I U M M P R X R O
L M E O I G O H C I K E E R
B L M R G H H E A L T H S T
R N I G H T T I M E O D S T
A R R T T M H R E V O C E W
I W D O S A G S T O R Y K B
N C R I B R I N S O M N I A
K L A W P E E L S M E R K B
N Y R A S S E C E N E R G Y

ALARM CLOCK
BABY
BEDROOM
BEDTIME
BLANKETS
BRAIN
COMFORT
COVER
CRIB
DREAMING
EIGHT HOURS
ENERGY
GROWTH
HEALTH
HIBERNATION
INSOMNIA
LIGHT
MATTRESS
MEDICINE
NARCOLEPSY
NECESSARY
NIGHTMARES
NIGHTTIME
QUIET
REM SLEEP
REST
ROBE
SLEEP APNEA
SLEEPWALK
STILL
STORY

Solution on page 265

Roller Skate

C O M P E T I T I O N I P S
N O I T R E X E S L O W H P
R P A N K L A W E D I S E A
E M R S B L A D E S T L L R
N U G L T A E C A P A L M T
T J L E S I C R E X E I E Y
A C I A I D N K Y S R H T H
L I D T S A A G W F C N B I
W S I H S N L P A A E W R N
F U N E A C A E E M R O U L
A M G R H E B B E E E D I I
S T A N C E N V M H N S S N
T O U T D O O R S K W K E E
S T O O B M F R I E N D S R

BACKWARDS
BALANCE
BEACH
BLADES
BOOTS
BRUISES
CHASSIS
COASTING
COMPETITION
DANCE
DOWNHILL
EXERCISE
EXERTION
FAST
FRIENDS
FUN
GAMES
GLIDING
HELMET
INLINE
JUMP
KNEEPADS
LACES
LEATHER
MOVEMENT
MUSIC
OUTDOOR
PACE
PARTY
RECREATION
RENTAL
SIDEWALK
SLOW
SPIN
STANCE
TURN
WHEEL

Solution on page 265

Spring Is in the Air

K G S D R I B S M R O T S P
T R E A E G R E M E S I R I
S E F F F E S Y S H M G S L
P E I F W A T K T G E A E U
L N L O N I C N M N L R A T
A G H D V U I D O I T D S X
N S A I D C Z M O R G E O T
T L T L A U N F L P N N N H
S C C Y O H P L B S I E I G
A G H N P S T O Q U T W B I
L R I A D W H W Q C S N O L
L A N R E V A E O O E E R D
R S G O R F W R S R N S E U
Y S T U O R P S M C G S I B

ACTIVITY
BEES
BIRDS
BLOOM
BUD
CROCUS
DAFFODIL
DUCKS
EMERGE
EQUINOX
FLOWERS
FROGS
GALOSHES
GARDEN
GRASS
GREEN
GROWTH
HATCHING
HYACINTH
IRIS
LIFE
LIGHT
MELT
NESTING
NEWNESS
PANSY
PLANTS
PUDDLES
RAIN
ROBIN
SANDALS
SEASON
SHOWERS
SPRING
SPROUT
STORMS
THAW
TULIP
VERNAL
WARM

Solution on page 265

Made of Silk

T H R E A D J A P A N Y S N
E S T C E S N I E T O R P I
X T K P L S M L S C W U I T
T P E I N O A I R O E X D A
U Z A S R F T G E C A U E S
R F P N E T E H B O V L R H
E A B Y T N R T I O I A T T
M B L S T S I F F N N R I O
M R O U A I A H G S G V E O
I I U I P S L E C F S A S M
H C S T H O R A S T E E H S
S A E I O I P A U S C A R F
E B O R E D A R T Q D Y E D
O N O M I K G N O R T S F O

ASIA
BLOUSE
CHINESE
CLOTHING
COCOONS
DRESS
DYED
FABRIC
FASHION
FIBERS
INSECTS
JAPAN
KIMONO
LARVAE
LIGHT
LINGERIE
LUXURY
MATERIAL
PANTS
PATTERN
POPULAR
PROTEIN
QUALITY
ROBE
SATIN
SCARF
SHEETS
SHIMMER
SKIRT
SMOOTH
SOFT
SPIDER
STRONG
SUIT
TEXTURE
THREAD
TIES
TRADE
WEAVING

Solution on page 266

Fast Cars

S H T O O M S T E K C I T H
L V O B R U T X R E W O P T
E D A Y F E H C S R O P M O
E E S L M A C H I N E C A R
K E N T U P S C A L E E C Q
J P O S Q A R T S D F L L U
A S T O Q A B R A R E T U E
G M S C L S A L G I R T T K
U O I U E E T T E V R O C C
A T P K G N N M H E A R H I
R O A D W A Y G I R R H E U
P R I C E Y A G I L I T Y Q
B R I D E L B M I N E L O L
S H I F T I N T A K E S L X

AGILITY
BRAKES
CLUTCH
CORVETTE
COSTLY
DRIVE
ENGINE
EXHAUST
FAST
FERRARI
GAS
GEARS
INTAKE
JAGUAR
MACHINE
MILES
MOTOR
NIMBLE
PISTONS
POPULAR
PORSCHE
POWER
PRICEY
QUICK
RACE
REV
RIDE
ROADWAY
SHIFT
SLEEK
SMOOTH
SPEED
THRILL
THROTTLE
TICKETS
TORQUE
TURBO
UPSCALE
VALUABLE

Solution on page 266

Stockbroker

T R A H C B W T I H C Z F B
S E L R O O L F G A I N S Q
A P K O D N F U T U R E S B
L T A R S D N U F E C I R P
E S E Y A S R E D I S N I X
C E U C O M P A N Y G N S B
I V L R E U R U L O C E H U
V N A R T T T A O O C U A Y
D I V I D E N D M T A P R I
A N O S O A W E O R L T E E
S D L K N I G R A M L R S L
E E U S L E V E R A G E G D
L X M L S I B T I M I N G Y
L Y E N O M E T O U Q D N G

ADVICE
ANALYSIS
BEAR
BONDS
BUY
CALL
CHART
CHIT
COMPANY
DIVIDEND
DOW
FLOOR
FUNDS
FUTURES
GAIN
GOODWILL
INCOME
INDEX
INSIDERS
INVEST
LEVERAGE
LOSS
MARGIN
MARKET
MONEY
PAYOUT
PRICE
PUT
QUOTE
RISKS
SALE
SECTOR
SELL
SHARES
TIMING
TRADER
UPTREND
VALUE
VOLUME
YIELD

Solution on page 266

Youth

F C A M P D J C U L T U R E
S L H H Z O U I S I M L O B
T O E I C O N T D J H A T O
U T L D L H I E I V D U N Y
D H I A G D O G K O D G E S
Y I N L I L R R L D E H M T
I N E L R I I E E I P I F U
N G V O L H S N N S E N E B
G R U W S C S E G C N G A B
N O J A E P S N K O D B R O
U U G N I P O L E V E D L R
O P T C I N N O C E N C E N
Y D R E A M E R S R T O S C
E G A R E D N U F Y B U S Y

ADOLESCENT
ALLOWANCE
BOYS
BUSY
CAMP
CHILDHOOD
CHILDREN
CHORES
CLOTHING
CULTURE
DEPENDENT
DEVELOPING
DISCOVERY
DREAMERS
ENERGETIC
FEARLESS
FLEDGLING
FUN
GIRLS
GROUP
INNOCENCE
JUNIOR
JUVENILE
KIDS
LAUGHING
MENTOR
STUBBORN
STUDYING
TEENS
UNDERAGE
YOUNG

Solution on page 266

Optical

E G A M I P H Y S I C S S B
V S S B T E C H N O L O G Y
R E T C P R O P E R T I E S
E P N O I T C A R F F I D S
N O E U Y T S R O R R I M E
O C M S I R P G L A S E R S
I S U M I C R O S C O P E S
S E R S P E C T R U M D T A
U L T R A V I O L E T E T L
L E S U C O F H V E B A A G
L T N V M P U P I L N I M E
I M I C R O W A V E S S F Y
Z R S E V A W O I D A R E E
S Y A R E F L E C T I O N S

DIFFRACTION
EYEGLASSES
FIBER OPTICS
FOCUS
ILLUSION
IMAGE
INSTRUMENTS
LASERS
LENSES
MATTER
MICROSCOPES
MICROWAVES
MIRRORS
NERVE
PHOTOGRAPHY
PHYSICS
PRISM
PROPERTIES
PUPIL
RADIO WAVES
RAYS
REFLECTION
SPECTRUM
TECHNOLOGY
TELESCOPES
ULTRAVIOLET

Solution on page 267

Country Life

F B R O O K D F C N R O C A
E S H E E P N I A R G U Q S
N R I T W M D E D A I R Y G
C A U M R O D L R B B L N I
E N T T P E L D T L E W R P
Y C A O A L E S I M O S T V
S H C V K N E S O T U E R F
P R J E Y V S N A K E S A P
O O H R R F A E G A E R C A
R D U A U D H K R T M O T S
C E H L E W H C R O P H O T
D O G L T A N I M A L S R U
B U G S V R D H N L A R U R
T F A M I L Y C O W S B X E

ACREAGE
ANIMALS
BARN
BLISSFUL
BROOK
BUGS
CAT
CHICKENS
CORN
COWS
CROPS
DAIRY
DIRT
DOG
FAMILY
FARM
FENCE
FIELDS
GARDEN
GRAIN
HARVEST
HORSES
LEMONADE
NATURE
OVERALLS
PASTURE
PIGS
PORCH
POULTRY
RANCH
RODEO
RURAL
SHEEP
SIMPLE
SLOWER
SNAKES
TOWN
TRACTOR
TREES
WHEAT

Solution on page 267

Occupations

N T S I G O L O I B X A S X
S N C R A T H L E T E R S O
U E A E S T R E P O R T E R
R D S K T S S O G Y U I R O
G I H A R I C I T D D S T S
E S I B O V H B C I U T I S
O E E M N I E C A I D J A E
N R R U A H F M R N S U W F
R P E S U C J X P A K Y A O
O A C I T R K R E L C E H R
T C I C H A S E N A T O R P
C T F I O H I S T O R I A N
O O F A R C I D E M A R A P
D R O N A I R A R B I L D H

ACTOR
ARCHITECT
ARCHIVIST
ARTIST
ASTRONAUT
ATHLETE
AUDITOR
AUTHOR
BAKER
BANKER
BIOLOGIST
CARPENTER
CASHIER
CHEF
CLERK
COP
DOCTOR
HISTORIAN
JUDGE
LIBRARIAN
MAID
MUSICIAN
OFFICER
PARAMEDIC
PHYSICIST
PRESIDENT
PROFESSOR
REPORTER
SENATOR
SURGEON
WAITRESS

Solution on page 267

Hardware Store

A C I M H E B C H A I N N S
L C L C C L F P L I E R S C
A S E I K L U A C E N L N R
T L V P L H S M O A V G F E
N E O F I E E P B E U E E W
E W H C I P S K L E P G L S
R O S C K L A I M P R O V E
Y D V E T L T I H I E W R A
R E P I L A C E N C M I S L
L N K I L W R D R T M R I A
R F R A I Y E W A S A E A N
P D W G A R D E N E H C X T
T N T U N D J R H C N E R W
B O L T O O L S W O O D L T

ACE
BOLT
CALIPER
CAULK
CHAIN
CHISEL
DOWELS
DRILL
DRYWALL
FILTERS
FUSES
GARDEN
GRINDER
HAMMER
HINGES
IMPROVE
KEY
LAWN
LEVEL
LOCK
LUMBER
NAIL
NUT
PAINT
PIPE
PLIERS
RATCHET
RENTAL
ROPE
SAW
SCREWS
SEALANT
SHEARS
SHOVEL
TILE
TOOLS
VICE
WIRE
WOOD
WRENCH

Solution on page 267

Memorial Day

S E R V I C E G A R U O C S
R O L A V O L U N T E E R R
H O L I D A Y S N O L N F E
H O N O R M L O P E N L L W
M A Y E I G I D B A O I A O
R Q N H C T M R R B T S G L
O U D G A I A P A Y G T I F
F Y E N C T F R V T N E N H
I T C I E A B I E U I D F I
N R E N J E D D R D L O A S
U E A R C B V E Y C R W N T
S B S U W S E L T T A B T O
L I E O F F I C E R S S R R
O L D M W M I L I T A R Y Y

ADMIRATION
ARLINGTON
BARBECUE
BATTLES
BRAVERY
CADET
CELEBRATE
COURAGE
DECEASED
DUTY
ENLISTED
FAMILY
FLAG
FLOWERS
FUNERAL
HISTORY
HOLIDAY
HONOR
INFANTRY
LIBERTY
MAY
MILITARY
MOURNING
NATION
OFFICERS
PRIDE
SACRIFICE
SERVICE
TAPS
UNIFORM
VALOR
VOLUNTEER
WAR

Solution on page 268

Waiter

I X E F Y C E N H Y A R T O
M R S G T K H W O R K I W P
I E L E N D A E R E N N I D
O F A U T I P H C N U R B I
W I I J T R N N Y K C J N X
Y L C R M L A I R I O N G D
A L E H S L U E D B F R C S
I S P C A R V N Y A F E Y R
S K S B F R E V I L E D O D
B N M W E H M N S F E R O A
L I E S C T W I N E O O B D
P R N N A P K I N A F R G M
H D U B Z B O G W G M V M Z
T L S M I L E X U S D N N K

BALANCE
BREAD
BRUNCH
CHARMING
CHECK
COFFEE
DELIVER
DINING
DINNER
DRINKS
FOOD
JOB
LUNCH
MANNERS
MENUS
NAPKIN
ORDER
REFILLS
SERVER
SMILE
SPECIALS
TAB
TEA
TIP
TRAY
UNIFORM
WAITRESS
WINE
WORK

Solution on page 268

Cities Around the World

W I K C A I R O Y E N D Y S
O T O R O N T O G A C I H C
C R K G A N O L E C R A B L
S A G N M I A M I T N A E A
O F N I S S O P S G G V D L
M F A J T R E E H H A U I M
T I B I E N P A D R B M O N
B C R E R A I A T L A N T A
O Y U B D P D L I T T L T I
S T R U A V O N R R L H A R
T I B J M N N R E E E E W O
O N A J D I B A T N B C A B
N L U O E S L E S S U R B I
V E N I C E M A D R I D H G

ABIDJAN
AIRPORTS
AMSTERDAM
ATHENS
ATLANTA
BAGHDAD
BANGKOK
BARCELONA
BEIJING
BERLIN
BOSTON
BRUSSELS
BUDAPEST
CAIRO
CHICAGO
DUBLIN
LIMA
LONDON
MADRID
MIAMI
MONTREAL
MOSCOW
NAIROBI
OTTAWA
RIO
ROME
SEATTLE
SEOUL
SHANGHAI
SYDNEY
TORONTO
TRAFFIC
TRAVEL
URBAN
VENICE

Solution on page 268

Ads Everywhere

F S M S N A G O L S O B O Y
L E C E A S D A B P N A G E
Y R O M S T N I U A L N O N
E U M I E S T G S M I N L O
R T P F D D A E I D N E A M
S C A M P A I G N S E R U P
R I N T E C R A E T H S D R
O P Y N N X R C S S I Y I O
S A L E S B O T S O C O E D
N M G T E U N E V E R A N U
O A Q N P G N I H T O L C C
P I Y O P R I N T E R N E T
S L N C A R S P O S T E R S
J S E L L I N G J I N G L E

ADS
AGENCIES
ATTENTION
AUDIENCE
BANNERS
BRANDING
BUSINESS
CAMPAIGNS
CARS
CLOTHING
COMPANY
CONTENT
COST
COUPONS
FLYERS
INTERNET
JINGLE
LOGO
MAIL
MEDIA
MESSAGES
MONEY
ONLINE
PENS
PICTURES
POSTERS
PRINT
PRODUCTS
RADIO
REVENUE
SALES
SELLING
SIGNS
SLOGANS
SPAM
SPONSOR

Solution on page 268

Landscaping

T F E E G G O X S S P E U H
K R O C K S W C N H O N O C
M U I Y H A E K D O T U G L
X T Q M T N R V E V S R R U
E D G E I T M Q O E K P A M
H F R C A B E K A L R M S L
T M H M M C A R I N G C S A
A O V I S U A L P E X F B W
P W O S O R C H A R D L U N
J E D T D E S I G N W O R G
R E P O N D R A Y K C W H H
B D T N A L P E B B L E S I
W S E E R T M Y N E D R A G
A V M P C B A G S E H S U B

BAGS
BALANCE
BEDS
BUSHES
CARING
CHOP
CREEK
DESIGN
EDGE
FLOWERS
GARDEN
GLOVES
GRASS
GROWN
HOUSE
LAKE
LAWN
MOW
MULCH
ORCHARD
PATH
PEBBLES
PLANT
POND
POTS
PRETTY
PRUNE
RAKE
ROCKS
SCENIC
SHOVEL
SHRUBS
STONE
TREES
TRIM
TURF
VISUAL
WATER
WEED
YARD

Solution on page 269

Buying a House

D E Q U I T Y M O V I N G A
A P P R A I S A L O F F E R
M A R K E T S C L O S I N G
E M O H I L I S T I N G S R
N A O L L E G A G T R O M E
I N S U R A N C E M E N P Y
T E G D U B V R L P D O R U
I C T I T L E O U R N I O B
E O A P C S C R R O E T C R
S B R R T A C B T P L C U O
E T N Q T H A A T E P U R K
X A W I A N R A S R X A E E
A I O S K Y O R O T L A E R
T N E M Y A P C C Y D E E D

AMENITIES
APPRAISAL
APPROVAL
AUCTION
BANK
BROKER
BUDGET
BUYER
CLOSING
CONTRACT
COST
DEED
EQUITY
HOME
INSURANCE
INTEREST
LENDER
LISTINGS
LOAN
LOCATION
MARKET
MORTGAGE
MOVING
NOTARY
OBTAIN
OFFER
OWN
PAYMENT
PROCURE
PROPERTY
PURCHASE
REALTOR
SIGN
TAXES
TITLE

Solution on page 269

Jump on a Trampoline

T S I W T R A I N I N G B S
E E R F A L L I N G P E U D
D L E E T S U J L A L C G A
I S A F C T U A D A R B N N
V S G N I R P S S I T E I G
I P R T Y E E T C R D J C E
N K A E G T I A I E E U N R
G D V N N C T B T S L M U O
C N I Y I H R O S I I P O U
I U T T L R A R A C O I B S
R O Y E B O P C N R C N R J
B B T F M U E A M E H G I H
A E O A U N Z U Y X P L A Y
F R T S T D E Z G E M A R F

ACROBATS
AIR
ATHLETE
BOUNCING
CIRCUS
COILED
DANGEROUS
DIVING
ELASTICITY
EXERCISE
FABRIC
FALLING
FRAME
FREE
GRAVITY
GYMNASTICS
HIGH
INJURY
JUMPING
MAT
PADS
PLAY
REBOUND
RECREATION
ROUND
SAFETY NET
SIT
SOMERSAULT
SPRINGS
STEEL
STRETCH
TRAINING
TRAPEZE
TUMBLING
TWIST

Solution on page 269

Accountant

S C O M P U T E C N A L A B
M B L K C S N M U L O C U T
R J U A O Y I E L N C R D I
O S S D T O C I A O H E I F
F H T I G I B H U I E D T O
X I U E O E P N R T C I J R
R Q G V S E T A C I K T N P
E Q N U S S P X C D H A A A
G I I W R N A T A D T Y O Y
D P A Y M E N T I A A U L R
E L I F Z P S R E B M U N O
L O S S E X A T L F E E S L
S N R U T E R E C O R D S L
K G R E V E N U E M O C N I

ACCOUNTS
ACCRUAL
ADDITION
ASSETS
AUDIT
BALANCE
BILL
BOOK
BUDGET
CAPITAL
CASH
CHECK
COLUMNS
COMPUTE
CREDIT
DATA
DEBIT
EQUITY
EXPENSE
FEES
FIGURES
FILE
FORMS
INCOME
INVOICE
LAWS
LEDGER
LOAN
LOSS
MATH
NUMBERS
PAYABLE
PAYMENT
PAYROLL
PROFIT
RECORDS
RETURNS
REVENUE
TAXES

Solution on page 269

Dear Diary

A T T N U O C C A N C W I H
D H N O E L C I N O R H C I
N O O N V N Q E N I P L O D
E U I P E O P F T T R E V E
G G T U N I E E W C O T E T
A H O B T S E C R E T T R A
S T M L S S G N I L E E F V
M S E I S A T N A F C R R I
A D O C Y P D A T E T S E R
E N Z R D E H S I R E H C P
R E A U G N I W A R D D O S
D I N S I G H T B O O K R A
D R R H J O U R N A L P D L
Z F A M I L Y R T E O P V C

ACCOUNT
AGENDA
BOOK
CHERISHED
CHRONICLE
CLASP
CONFESSION
COVER
CRUSH
DATE
DIARY
DRAWING
DREAMS
EMOTION
EVENTS
FAMILY
FANTASIES
FEELINGS
FRIENDS
HIDE
INSIGHT
JOURNAL
LETTERS
LOG
NONPUBLIC
PASSION
PEN
PLAN
POETRY
PRIVATE
PROTECTED
RECORD
REFLECTION
SECRET
THOUGHTS
WRITE

Solution on page 270

Statistical Analysis

T S K E S D E V I A T I O N
N N D Y Q H X M E D I A N S
E O O T P O P U L A T I O N
M I I I A S E A P P M P I O
E T S T T S R K R A P R S I
R C E N A A I Q T G V O S T
U I R A D L M H H K A B E A
S D U U T C E R E K R A R U
A E G Q R M N R O N I B G Q
E R I F A C T S R F A I E E
M P F T H H S X Y O N L R G
N O I T C E L L O C C I R N
A C T U A R I A L B E T O A
S E G A T N E C R E P Y R R

ACTUARIAL
CHART
CLASS
COLLECTION
CORRELATION
DATA
DEVIATION
EQUATIONS
ERROR
EXPERIMENTS
FACTS
FIGURES
GRAPHS
INFORMATION
MATHEMATICS
MEASUREMENT
MEDIAN
MODE
PERCENTAGES
POPULATION
PREDICTIONS
PROBABILITY
QUANTITY
RANGE
REGRESSION
THEORY
VARIANCE

Solution on page 270

Invitation

R A X H O L I D A Y H X Q E
E T A V I R P L L S T A M P
Q T P M O R P L I T N O F D
U E A F E G A R U O C N E A
E N P P L I U G O L F L E I
S D E O D O Y S E P I P N Q
T A R R L R C W S V O V G D
P N O F M E N A E O I S R E
E C D H N S V R T T B R A C
C E M I T P I N E I N M V L
C A L L N O A T E W O E E I
A N D E T N I R P U O N V N
O C A R D S E E T A D H H E
G N I D D E W R Z Y B K S A

ACCEPT
ASK
ATTENDANCE
BAPTISM
CALL
CARD
CORDIALLY
DATE
DECLINE
DELIVER
DINNER
EMBOSS
ENCOURAGE
ENGRAVE
ENVELOPE
EVENT
FLOURISH
FOIL
FONT
HOLIDAY
INVITE
LOCATION
ONLINE
PAPER
PARTY
PRINTED
PRIVATE
PROMPT
PROPOSAL
REQUEST
RESPONSE
RSVP
SHOWER
STAMP
TIME
WEDDING
WELCOME

Solution on page 270

Field Trip

C L Y M U S E U M V I S I T
L L E S S O N E R D L I H C
A S C V A M O N U M E N T T
S N Z A A D E O P E R A E H
S V E O P R V R U O T L E E
E P P T O I T E K N U J Q A
E R U L S V T P N D N S S T
C F P O A I I A E T C P O E
N X S U R N L H L F U I U R
E T T T S G C C B U L R V H
I I U I H S J A U N T T E C
C M D N O E D I S T U O N N
S E Y G W H I S T O R Y I U
T I C K E T E A C H E R R L

ADVENTURE
BUS
CAPITAL
CHAPERONE
CHILDREN
CLASS
CULTURE
DRIVING
EXPLORE
FUN
GROUPS
HISTORY
INSIDE
JAUNT
JUNKET
LESSON
LISTEN
LUNCH
MONUMENT
MUSEUM
OPERA
OUTING
OUTSIDE
PLAN
SCHEDULE
SCIENCE
SHOW
SOUVENIR
STUDY
TEACHER
THEATER
TICKET
TIME
TOUR
TRAVEL
TRIPS
VISIT
ZOO

Solution on page 270

Corporate Culture

S X H V H M O O R L I A M V
E N A M R I A H C I L B U P
G F H U T N E D I S E R P J
A U L C S E C R E T A R Y M
S E I T R O I V A H E B T D
S S I D T A L A M R O F I R
E E C N E R E F N O C V U I
M L L M L L Y S U B I H S T
A C I I E E I S E S S T Y U
N I E S P L G N I R A H S A
N B N S H Y J O E S K I L L
E U T I O T N A T S I S S A
R C S O N S T R U C T U R E
S B E N E F I T S Y L A N A

ANALYST
ASSISTANT
BEHAVIOR
BENEFITS
BUSY
CHAIRMAN
CLIENTS
CONFERENCE
CUBICLES
DIVISIONS
FORMAL
GUIDELINES
HIERARCHY
MAIL ROOM
MANNERS
MESSAGES
MISSION
PRESIDENT
PUBLIC
RESEARCH
RITUAL
RULES
SECRETARY
SHARING
SKILL
STRUCTURE
STYLE
SUIT
TELEPHONE
TIE

Solution on page 271

Weather Forecast

M R O T S E E R G E D T P S
F L T E E L S N D L O C U Z
L H U M I D I T Y R O I H D
U O Z P K H A G N L S O I R
R V W E C L D A H L T R C I
R E W R M F D R E T E Y F Z
I R O A N O E C A C N T R Z
E C N T I G W Q T Z C I O L
S A S E A D P I W H Z V N E
C S F R R X O H A I L I T G
L T E O D N I W V G H T L K
E V C C H A N C E H I C E B
A E F Y R E T E M O R A B M
R D R O U G H T H U N D E R

ACTIVITY
ALMANAC
AVERAGE
BAROMETER
BLIZZARD
CELSIUS
CHANCE
CLEAR
COLD
COOL
DEGREES
DEW POINT
DIRECTION
DRIZZLE
DROUGHT
FLURRIES
FOG
FRONT
HAIL
HEAT WAVE
HIGH
HOT
HUMIDITY
ICE
LIGHTNING
LOW
OVERCAST
RAIN
RECORD
SCORCHING
SLEET
SNOW
STORM
TEMPERATE
THUNDER
TORNADO
WIND

Solution on page 271

Gardener

S B U S H E S C E N E R Y C
E H E R B S I E E H O E R M
E B H K D N D N C N D T E U
D U S R A I U S U N N A L L
S L I G G R T S T R E W E C
A B R C P L N S T I T F C H
V O U L A I N N E I B U A G
F L O W E R S R L V W B R C
R A N M G A R D E N R E A E
U U T S O P M O C M E A E R
I N G L O V E S T N M U H D
T N S W O R Y R E S R U N B
H A E P L A N T S Q U A S H
F E D A P S L O O T O I L O

ANNUAL
BIENNIAL
BIRDS
BULB
BUSHES
CARROTS
CELERY
COMPOST
DIG
FENCE
FLOWERS
FRUIT
GARDEN
GLOVES
GREEN
HARVEST
HERBS
HOE
LETTUCE
MULCH
NOURISH
NURSERY
NURTURE
ORGANIC
PLANTS
PRUNE
RABBITS
RAKE
ROWS
SCENERY
SEEDS
SOD
SPADE
SQUASH
SUMMER
TEND
TOIL
TOOLS
WATER
WEED

Solution on page 271

Collecting Coins

D L G G N I D A R T C E N T
Y E N O M N C S Y E D U V C
T N I M Y V E O N I V P A O
C Q D D D E T E U E T L R I
E U A O E S A G L N K F I N
J A R I A T D R E G T O E S
B R G R L M A I O P A R T K
U T P E E E C L R E E E Y O
S E E P R N A E U J R I B O
M R N P A T C Q D C A G B B
U T N O A I I Y L J R N O U
B Y I C O T Y R O T S I H T
L P E U N O I T I D N O C K
A E S A D R A O H M E T A L

ALBUMS
ANCIENT
ANTIQUE
BOOKS
CATALOG
CENT
CIRCULATED
COINS
CONDITION
COPPER
COUNTRY
CURRENCY
DATE
DEALER
EAGLE
FOREIGN
GRADING
GUIDE
HISTORY
HOARD
HOBBY
INVESTMENT
METAL
MINT
MONEY
OLD
PENNIES
PERIOD
PRECIOUS
QUARTER
RARE
SILVER
SUBJECT
TOKENS
TRADING
TYPE
VARIETY
YEAR

Solution on page 271

Kitchen Tools

F G H J B S T R A I N E R C
R R R A B L H R R E L D A L
Y E E I L U E N E V O N J E
I P K X L M R N Y L O S M A
N P M A I L M N D P I T I V
G O A T M M O U E E X O C E
P H S R R E M N C R R P R R
A C H E E S E C L O T H O B
N T E D P R T F K S I H W O
E O R N P P E E F I N K A W
L N M A E U R S P O O N V L
A G L L P C O R K S C R E W
C S F O R K E R U S A E M C
S A U C E P A N I T E I P H

BLENDER
BOWL
BROILER
BURNER
CAN OPENER
CHEESECLOTH
CHOPPER
CLEAVER
COFFEEMAKER
COLANDER
CORKSCREW
CUP
FORK
FRYING PAN
GRILL
KNIFE
LADLE
MASHER
MEASURE
MICROWAVE
MIXER
OVEN
PEPPER MILL
PIE TIN
POTS
SAUCEPAN
SCALE
SPOON
STRAINER
THERMOMETER
TIMER
TONGS
WHISK

Solution on page 272

Storage

H O L D I N G S T A S H K D
K E E P S A K E S E N C N E
C S O R T I N G H G R E U H
O U S E U Q I T N A A L J S
L O A T S T O W T K B L P G
D H S T O L I E T C E A A A
A E E U C V S N A A C R C R
P R A L S P E S R P I E K A
Y A S C B M I R C U F D I G
B W O T E O L E H D F I N E
B I N S W V P W I E O V G C
U S A U B I P A V Z A I J A
C B L D O N U R E H I D E P
A T T I C G S D S E X O B S

ANTIQUES
ARCHIVES
ATTIC
BARN
BASEMENT
BINS
BOXES
CELLAR
CLOTHES
CLUTTER
COBWEBS
CRATE
CUBBY
DIVIDER
DRAWERS
DUST
FURNITURE
GARAGE
HIDE
HOLDING
JUNK
KEEPSAKES
MOVING
OFFICE
OVERHEAD
PACKAGE
PACKING
PADLOCK
SEASONAL
SHED
SORTING
SPACE
STASH
STOW
SUPPLIES
WAREHOUSE

Solution on page 272

Smart Words

K U S D E T F I G Y N N A C
N N S C P R O D I G Y P R E
O D O C H E D U C A T E D S
W E Y W H O R D W E R H S I
I R N M L O O C R A F T Y W
N S I N T E L L E C T U A L
G T A S E N D A E P A W C E
A A R U A E A G R D T H L T
S N B I M G K I E L K I E A
T D E N R A E L L A Y Z V R
U I C E R E B R A L B H E E
T N E G I L L E T N I L R T
E G G H E A D E P T D R E I
W Y E X P E R T H G I R B L

ADEPT
APT
ASTUTE
BRAINY
BRIGHT
BRILLIANT
CANNY
CEREBRAL
CLEVER
CRAFTY
EDUCATED
EGGHEAD
EXPERT
GENIUS
GIFTED
INTELLECTUAL
INTELLIGENT
KEEN
KNOWING
KNOWLEDGEABLE
LEARNED
LITERATE
PERCEPTIVE
PRODIGY
SAGE
SCHOLARLY
SCHOOLED
SHREWD
UNDERSTANDING
WHIZ
WISE

Solution on page 272

Mother's Day

H T M R A W B L U N C H H L
S L E E P O S G U H R E O D
K J J S U R P R I S E V N R
N E W Q E R E L A X E D O A
A W U W S E D U T I T A R G
H E O D B R E A K F A S T E
T L C I E S C H E R I S H R
F R A N U M O M B R U N C H
I Y N N R E R U T R U N O D
G C D E H E A R T F E L T R
M A Y R E S T E E M I S P A
Y K S E S S I K R D R A C W
C E C H O C O L A T E S T E
V A L U E D N Y L R A E Y R

BOUQUET
BREAKFAST
BRUNCH
CAKE
CANDY
CARD
CHERISH
CHILDREN
CHOCOLATES
DECORATION
DINNER
ESTEEM
FLOWERS
GIFT
GRATITUDE
HEARTFELT
HOLIDAY
HONOR
HUGS
JEWELRY
KISSES
LOVE
LUNCH
MAY
MOM
NURTURER
REGARD
RELAXED
REST
REWARD
SLEEP
SPA
SUNDAY
SURPRISE
THANKS
VALUED
WARMTH
YEARLY

Solution on page 272

Hooray for Hollywood

A C A D E M Y A W A R D S N
E G P I R T S T E S N U S G
M S O S U H C I R K S P O I
A T P T T H I S T O R I C S
F E U R C C N B C D O S E E
F L L I I I E U E A T S A L
O E A C P T M L L K C O N E
K V R T N Y A C E T A G E G
L I D O O H R O B H G I E N
A S L L I H Y L R E V E B A
W I T S T A R S I A C A R S
E O P E O P L E T T R Z T O
S N F A M O U S Y R X T X L
T E S O I D U T S E I V O M

ACADEMY AWARDS
ACTORS
ART
BEVERLY HILLS
CARS
CELEBRITY
CINEMA
CITY
CLUBS
DISTRICT
FAMOUS
GOSSIP
HISTORIC
KODAK THEATRE
LOS ANGELES
MOTION PICTURE
MOVIE STUDIOS
NEIGHBORHOOD
OCEAN
PEOPLE
POPULAR
RICH
SIGN
STARS
SUNSET STRIP
TELEVISION
WALK OF FAME
WEST

Solution on page 273

Bears

Y	Z	A	B	B	I	G	N	I	R	A	M	T	Q
D	B	L	A	C	K	E	R	U	S	S	A	E	L
D	S	A	W	T	E	C	F	I	S	H	M	E	H
E	R	O	V	I	N	R	A	C	Z	C	M	T	T
T	J	K	G	H	L	T	O	T	L	Z	A	H	R
L	A	N	R	U	I	D	Y	V	T	J	L	V	E
O	N	A	B	C	E	E	S	Y	I	A	G	Y	E
B	O	E	K	R	K	R	L	E	E	N	O	I	G
R	M	B	D	O	O	S	U	R	I	N	M	R	F
P	L	V	M	D	D	W	W	T	R	C	O	O	O
U	A	S	L	A	M	I	N	A	A	W	E	H	R
B	S	N	Z	Z	B	U	A	P	L	N	F	P	E
W	O	O	D	S	H	L	A	K	O	C	U	B	S
M	O	M	E	A	T	S	W	A	P	O	O	H	T

ANIMAL
ASIATIC
ATTACK
BAMBOO
BIG
BLACK
BROWN
CARNIVORE
CAVE
CLAWS
CUB
DEN
DIURNAL
FISH
FOREST
FUR
GRIZZLY
GROWL
HONEY
HUNTING
KOALA
KODIAK
MAMMAL
MEAT
NATURE
OMNIVORE
PANDA
PAWS
POLAR
POOH
ROAR
SALMON
SMOKEY
SPECIES
TEDDY
TEETH
TREE
WILD
WOODS
ZOO

Solution on page 273

Paying the Bills

L U D S T N E M Y A P A I D
I E T E I N T E R E S T A X
A G H I L G C T N U O C C A
M R T R L I N H R E T A W R
E A E E C I N A E O L D T E
C H N C L O T Q T C P U F C
N C I O W E L I U U K E A E
A T L R F C P L E E R S R I
N N D G D E A H E S N E D P
I U A R L T E S O C W T R T
F O E G O O D S H N T B E D
B M D R A C K N A B E I V Q
B A L A N C E G A G T R O M
R E T S I G E R E G D E L N

ACCOUNT
AMOUNT
BALANCE
BANK CARD
CALCULATOR
CASH
CHARGE
CHECKS
COLLECTION
DEADLINE
DEBT
DELINQUENT
DUE
FEES
FINANCE
GOODS
GROCERIES
INTEREST
LEDGER
LOAN
MAIL
MORTGAGE
OVERDRAFT
OWE
PAID
PAYMENTS
RATE
RECEIPT
RECORD
REGISTER
REPORT
SIGNATURE
TAX
TELEPHONE
UTILITIES
WATER

Solution on page 273

Boeing Jumbo Jet

S E N G I N E S T H G I L F
W C T S A F A I R C R A F T
I O A I R P O R T E W E R C
D N F F O E K A T N C S P H
E O I S B I G H H N U J C T
B M K B N H G N A P U A R Y
O Y A L A I C R E M M O C A
D T I T E C F R B S P G O I
Y I R R S R S O T S S R C R
T R F B I O J O N H R A K P
E U O A N E L A R G E C P L
F C R I T I R E N I L R I A
A E C S P T E V E R E T T N
S S E N I S U B O E I N G E

AIR FORCE
AIR FRANCE
AIRCRAFT
AIRLINER
AIRPLANE
AIRPORT
BIG
BOEING
BUSINESS
CABIN
CARGO
COCKPIT
COMMERCIAL
CREW
ECONOMY
ENGINES
EVERETT
FAST
FLIGHTS
FREIGHTER
JETS
JUMBO JET
LARGE
MACH
PASSENGERS
PILOTS
SAFETY
SECURITY
SKY
SUPERSONIC
TAKEOFF
TRANSPORT
WIDE BODY

Solution on page 273

Painter

S L L A W E N K X E T A L L
E I A S P R A Y A A C I J E
B O R A P T C B L R A N P S
C P T B X O S E E P A R N A
C A I A A T N A H C I I R E
O L S L R T T G R M A O O S
L E T A E O A Y E T L T T A
O T C N R K L R S L N A B B
R T A C E I O E E W R O U H
I E G E C M I R T P N C C S
M E D I U M G R T S M T K U
U F U D E L L I K S E E E R
S E T T A M A T P K A A T B
E I S S O L G S S M E L L S

ABSTRACT
ACRYLIC
ARTIST
BALANCE
BASE
BRUSH
BUCKET
CAN
COAT
COLOR
CONTRAST
CREATOR
EASEL
GLOSS
LADDER
LATEX
MATTE
MEDIUM
MUSE
OIL
PAIL
PALETTE
PIGMENT
PRIMER
ROLLER
SEAL
SKETCH
SKILLED
SMELLS
SPONGE
SPRAY
STAINS
STIRRER
STROKE
TALENT
TAPE
TARP
TEMPERA
TRIM
WALLS

Solution on page 274

Public Transit

C M E T R O L L E Y B O A T
P M S N R L I A R T H G I L
P A C E S A M T R A K R E T
O A E O N C F O G R E E N I
L I S H M I H F N V R E A M
L R Y S C M L E I O I T L E
U C A T E O U R D C R S P T
T R W E S N D T I U T A R A
I A L K Y O G F E A L A I B
O F I C A C F E T R I E A L
N T A I W E D I R N S X S E
U B R T B P O T S S U B A Q
N A B R U N S E I T I C O T
F A R E S E I R R E F A S T

AIRCRAFT
AIRLINES
AIRPLANE
AMTRAK
BOAT
BUS STOP
CAB
CHEAP
CITIES
COMMUTERS
DRIVER
ECONOMICAL
EFFICIENT
FARES
FAST
FERRIES
GREEN
LIGHT RAIL
METRO
MONORAIL
PASSENGERS
POLLUTION
RAILWAY
RIDE
SAFE
SCHEDULES
STATIONS
SUBWAYS
TAXI
TICKETS
TIMETABLE
TRAFFIC
TRAINS
TROLLEY
URBAN

Solution on page 274

Appearances

T N A G E L E D Y N I H S B
R U V D C P C D E S I O P E
E G E I O E L L U D D E G X
L L R S L R M E E K W M G O
A Y A T O L A O A A L O K T
T H G I R B U B G S R S R I
S T E N F S P F L G I D A C
S L X C U T E L E E B N D L
E I C T L Z C O A C D A G O
L F I Y D D U M M U A H R U
T A T W V S L G I I S R C D
O I E P L A I N N E S U G Y
P R D S T R A N G E T T N G
S U O I C E R P R E T T Y U

ADORABLE
ALERT
AVERAGE
BRIGHT
CLEAR
CLOUDY
COLORFUL
CROWDED
CUTE
DARK
DISTINCT
DRAB
DULL
ELEGANT
EXCITED
EXOTIC
FAIR
FILTHY
GLEAMING
GORGEOUS
GRACEFUL
HANDSOME
HIDEOUS
MISTY
MUDDY
PECULIAR
PLAIN
PLEASING
POISED
PRECIOUS
PRETTY
SHINY
SPOTLESS
STRANGE
UGLY
UNUSUAL

Solution on page 274

Fun Activities

C Y D W G M O V I E S E W V
A L R T H E A T E R C B G C
M I C I R C U S Z O O O S G
P M G U A B D A N C E W E A
I A N T S K I C K B A L L M
N F I G A E E K C M H I Z E
G O G N R R O T E I G N Z S
N G N I T T I N K R N G U T
I B I H E I I I I Y I C P R
T E M S U C N A X M R D I O
I A M I Q G F G F A O E E P
R C I F O O T B A L L D A S
W H W F R I E N D S O E U D
M U S I C R A F T S C G R O

ART
BEACH
BIKE RIDE
BOWLING
CAMPING
CINEMA
CIRCUS
COLORING
CONCERT
CRAFTS
CROQUET
DANCE
DOMINOES
FAIR
FAMILY
FISHING
FOOTBALL
FRIENDS
GAMES
GOLF
HIKING
KICKBALL
KNITTING
MOVIES
MUSIC
PAINTING
PICNIC
PUZZLES
READ
RELAX
RUN
SEW
SPORTS
SWIMMING
THEATER
VACATION
WRITING
ZOO

Solution on page 274

Plumber

T C L O G A S D V A L V E N
R A S E W A G E R P X I F R
T U N I F O R M L A T E M I
O L S K R U I U E E I E Y A
O K Z T S E N N L R G N V H
L V T S V G P I S A P D S B
P E E T E S O A K T L E U U
I R K R X T E C I O A L P T
P E C A F K O R K R S L P U
E W U D N L A T V N T I L F
S O B E B S O E R I I K Y X
S H R E H S A W L U C S Q K
E S I P H O N F A U C E T P
M R E T A W R E N C H K R H

AERATOR
BLOCKAGE
BUCKET
CAULK
CLOG
DRAIN
FAUCET
FIX
GAS
HAIR
INSTALL
LEAK
MESS
METAL
OVERFLOW
PIPES
PLASTIC
PLUNGER
PRESSURE
REPAIR
RUST
SERVICE
SEWAGE
SHOWER
SINK
SIPHON
SKILLED
SNAKE
SUPPLY
TANK
TOILET
TOOL
TRADE
TRUCK
TUB
UNIFORM
VALVE
WASHER
WATER
WRENCH

Solution on page 275

Flea Market

D H S Y O T R A D E C I R P
P W T I S J E W E L R Y N E
O F O O V E N D O R K A U R
H H S R O O D T U O V Q E O
S A C G C B H Z S I I T M L
T G B H C I T A N T R T N P
A G R K N R L T N O Z E N X
L L O G A E A A C D W K U E
L E W H S G E F Q E M N F J
B A S K E T K U T R L A S V
W T E V E N T S Q S M L D D
A I J U N K D R E I A B O E
L N Y S T R O L L E N O U C
K G D E S U L Y D B F U Y Y

ANTIQUE
ART
BASKET
BLANKET
BOOTH
BROWSE
BUY
CLOTHING
COLLECT
CRAFTS
CROWD
DEALS
EATING
EVENTS
EXPLORE
FAMILY
FOOD
FUN
HAGGLE
HANDMADE
JEWELRY
JUNK
NEW
OUTDOORS
PRICE
RETRO
SALES
SELL
SHOP
SIT
STALL
STROLL
TOYS
TRADE
UNIQUE
USED
VAN
VENDOR
VINTAGE
WALK

Solution on page 275

Frightening

G R I F F I N S T A B D F G
W B O A X C K M W F T R L R
N I G L V E K U O H E A O E
I G O L L N I M O D L C W M
E F O E S T N M D E L U E L
T O T N A A G Y E M U L R I
S O E A S U K G N O B A E N
N T L N Q R O O S N R M W T
E A Y G U T N L T S E O G I
K L O E A U G E A X V T H R
N I G L T R Z M K B L N O I
A E R C C L I V E D I A U P
R N A T H G I L N U S H L S
F S G O D Z I L L A O P M I

ALIENS
BATS
BIGFOOT
CENTAUR
DEMON
DEVIL
DRACULA
FALLEN ANGEL
FRANKENSTEIN
FREDDY KRUEGER
GARGOYLE
GHOUL
GODZILLA
GOLEM
GREMLIN
GRIFFIN
IMP
KING KONG
MUMMY
PHANTOM
SASQUATCH
SILVER BULLET
SKELETON
SPIRIT
SUNLIGHT
WEREWOLF
WOODEN STAKE

Solution on page 275

Women

S T E L I M S M G I R L N K
S E C L E L E G A N T J O L
S L A A A S K N A V I D R I
E E L D H E M I G N O R T S
R C N Y G H G R A N D M A A
D A U G H T E R A P A L M C
S R I A H O F A U W I T T Y
T B J V F L I E S U O L B S
P P E S O C K L O V I N G D
T R W W S A E A S E S R U P
A O E A M E C M K N W O G T
B R L T H E C E I N R C N M
S O R S T A H F R P O U O E
N D Y X J Y H S T R A M S L

AUNT
BLOUSE
BOWS
BRACELET
CARING
CLOTHES
DAUGHTER
DIVA
DRESS
EARRING
ELEGANT
FEMALE
FLOWERS
GIRL
GOWN
GRANDMA
HAIR
HATS
HEELS
JEWELRY
LACE
LADY
LOVING
MAKEUP
MATRON
MOM
NIECE
PRETTY
PROUD
PURSE
SALON
SANDALS
SHE
SILK
SKIRT
SMART
SMILE
STRONG
WARM
WITTY

Solution on page 275

Haircut

C N S T R A I G H T R I A H
S A X P I L C W A V Y R D Z
H I G H L I G H T S W A S H
A C T U C I G N O L E W O T
V I D R E H T A E F O V D K
E T W E R C A E S R E Y A L
L U M S M P S N N Z E N A M
Y A I H R O O R G D A F R O
T E R E E E O T O E S E O H
S B T A B C L R T S P Z L A
N R O R R I M L G A S P O W
I S G N A B Y C O W L I C K
P Z Z U B R A Z O R Y F C X
X S T E L L U M T T R O H S

AFRO
BANGS
BARBER
BEAUTICIAN
BUZZ
CHANGE
CLIP
COLOR
CORNROWS
COWLICK
CREW
CUT
DRY
DYED
FEATHER
FLATTOP
GROOMED
HAIR
HIGHLIGHTS
LAYERS
LONG
MANE
MIRROR
MOHAWK
MULLET
PERM
RAZOR
ROLLERS
SCISSORS
SHAVE
SHEAR
SHORT
SNIP
SPLIT ENDS
STRAIGHT
STYLE
TOWEL
TRIM
WASH
WAVY

Solution on page 276

Dishwashing

P A N S G R E A S E H S I D
H L A H S A W K C I U Q E S
O S E L B B U B C N N T T Y
T S L I S N E T U A S K A Q
O G C B O W L N O U T R L L
W L U O E S N I R M P S P O
E A P H T O L C H S A W Y A
L S M D E T E R G E N T R D
S S F W N S A N I T I Z E E
A E S A I S U D S F O R K D
U V O T H A N D S B U R C S
C O A E C W O L F R E V O Y
E L K R A P S H S A W E R P
R G C Q M L I F O O D D C O

AUTOMATED
BOWL
BUBBLES
CLEAN
CROCKERY
CRUSTED
CUP
DETERGENT
DISHES
DRY
FILM
FOOD
FORK
GLASS
GLOVES
GREASE
HANDS
HOT
LOADED
MACHINE
OVERFLOW
PANS
PLATE
PREWASH
QUICK WASH
RINSE
SANITIZE
SAUCER
SCRUB
SINK
SOAK
SPARKLE
SPOON
SPRAY
STACK
SUDS
TOWELS
UTENSILS
WASHCLOTH
WATER

Solution on page 276

Walk Around

P J T W O L S T R I D E Y B
O O D O G S T R E N G T H L
W G G R O U N D P E F N T E
E G F K E X E R C I S E L V
R I R O A D E N T D C M A A
K N F U O R A N E W B E E R
N G U T U T E E E A M V H T
E N N T S S P L L T U O I R
E I A I S S L A S E S M K A
S N D A H N N B T R C A I I
E N L G E C A P R H L L N L
L U M S E E R U S I E L G S
I R S I D E W A L K S G E L
M X F E E T U M M O C K E W

BALANCE
BRISK
COMMUTE
DISTANCE
DOG
EXERCISE
FEET
FITNESS
FOOTPATH
FUN
GAIT
GROUND
HEALTHY
HIKING
JOGGING
KNEES
LEGS
LEISURE
MALL
MARCHING
MILES
MOVEMENT
MUSCLES
NATURE
PACE
POWER
ROAD
RUNNING
SIDEWALK
SLOW
SPEED
STRENGTH
STRIDE
TRAILS
TRAVEL
WATER
WELLNESS
WORKOUT

Solution on page 276

Chewing Gum

S K Y Y H S E R F W A N G I
T C M T E E W S E L B B U B
I A E S I L A R U T A N Y N
C P L A Q U E F N E P V A Y
K Z O T N H R P I E C E O R
C H N R T O B F J S L N N R
U H U A L N M I S C D Y N E
T O E O K U E A G H A T Y B
S R C W H O R D N R T N R U
B S U G A R O T I N E E D C
D E R A U Q S Z V R I D E Y
R O U N D Y G N A T T C A T
S R W R A P P E R B I T E W
T N I M Y B O H C I T R U S

BAZOOKA
BERRY
BIG RED
BITE
BREATH
BUBBLES
CANDY
CHEW
CINNAMON
CITRUS
CLEAN
COLORFUL
CRAVINGS
CUBE
DENTYNE
DRY
FLAVOR
FRESH
FRUITY
GNAW
MELON
MINT
NATURAL
PACK
PIECE
PLAQUE
ROUND
SORGHUM
SOUR
SQUARE
STICK
STUCK
SUGAR
SWEET
TANGY
TASTY
TEETH
TRIDENT
WAD
WRAPPER

Solution on page 276

Environment

R T R A C T H S V S N O W R
L A S E K A L L N A E C O E
Y K I C G U H A F O L U S H
Y L A N L I R M O X Y L L N
I T G R S I O I R K F N E B
P U R E D E M N E E L T A Y
A R E A U N C A S S O R V C
T R E G O P U T T R R E E L
J U N G L E M T S E A S S E
G E R A C W S E N V M E E A
R H N F O D O M A I N D E N
A T S O R E V I R D X R R U
S S D I Z N E G Y X O G T A
S S B I F O Z R E T A W V F

ANIMALS
AREA
BARREN
BIRDS
CANYON
CLEAN
CLIMATE
CLOUDS
DESERT
DIVERSE
DOMAIN
FAUNA
FISH
FLORA
FORESTS
GRASS
GREEN
INSECTS
JUNGLE
LAKES
LEAVES
LUSH
MEADOW
OCEAN
OXYGEN
OZONE
PLANTS
PURE
RAIN
REGION
RIVER
SKY
SNOW
TRACT
TREES
TUNDRA
TURF
VALLEY
WATER
WOODS

Solution on page 277

Types of Music

N B G R U N G E J R R S S L
O W L U O S D V I A D P R A
R V O N F C L I G D O I E C
C U H T E Q K T S P N R G I
H H A E O W I A U C L I N S
E Y R I L M O N B A O T I S
S A D I E E K R T I J U S A
T W R P S R C E L P L A G L
R D O E O T M T K E R L Z C
A A C C C Y I L R G A S Y Z
T O K P V O O A E O J N A B
I R B A H F R U N E N B S C
U B E B O P L D F U S I O N
G H D N A B G I B D A N C E

ALTERNATIVE
BANJO
BEBOP
BIG BAND
BLUEGRASS
BROADWAY
CHRISTIAN
CLASSICAL
DANCE
DISCO
ELECTRONIC
FOLK
FUSION
GRUNGE
GUITAR
HARD ROCK
HEAVY METAL
INDIE
JAZZ
MOTOWN
NEW ORLEANS
ORCHESTRA
POP
PUNK ROCK
RAGTIME
RECORD
ROCKABILLY
SINGERS
SOUL
SPIRITUALS

Solution on page 277

Apparel

Q M X O T R I H S K I R T M
T G E T U P A S C O T L E B
E H S A S T D L H L C O A T
K R R N S T F G L O R K M E
C A C E C U N I F O R M S S
A E V A A I D A T C C T W U
J W C J R D E S P L Q E S O
E T G E F D S T O O A P K L
P O V A X E I T J T S A C B
A O H Q R U G G E H N J A R
C F O D S M N R A I O A L O
C O S T U M E T N N L M S B
O D E X U T R N S G Y A W E
G O W N R M I T T E N S T J

ASCOT
BELT
BLOUSE
CAPE
CARDIGAN
CLOTHING
COAT
COLLAR
COSTUME
COVERING
DESIGNER
DRESS
FOOTWEAR
GARMENT
GETUP
GOWN
HAT
HOSE
JACKET
JEANS
MITTENS
NYLONS
OUTFIT
PAJAMAS
PANTS
ROBE
SASH
SCARF
SHIRT
SHORTS
SKIRT
SLACKS
SOCKS
SUIT
SWEATER
THREADS
TIE
TUXEDO
UNIFORM
VEST

Solution on page 277

Happy Things

S I U S N W O L C E L I M S
P E T S E Z I R P T O Y S Q
J Y S S T I L O V E C P S U
G L W S T G N I R P S P D C
P I C N I C S O C B L U I A
A M G F K K E W P A H P K R
R A T G U H A F Y B T F M D
K F W F L N K I C I R C U S
S A F R I E N D S E I O S M
N S E M A G S Y E S B M I O
U D A N C I N G D O S E C O
F L O W E R S S I N T D A R
S N U S S E C E R G A Y K G
F V H E J J O Y B H H C E T

ANIMALS
BABIES
BIRTH
BRIDES
CAKE
CANDY
CARDS
CIRCUS
CLOWN
COMEDY
DANCING
FAMILY
FLOWERS
FRIENDS
FUN
GAMES
GIFT
GIGGLES
GROOMS
HATS
HUG
JOY
KIDS
KISSES
KITTEN
LOVE
MUSIC
PARKS
PETS
PICNICS
PLAYING
PONIES
PRIZES
PUPPY
RECESS
SMILE
SONG
SPRING
SUN
TOYS

Solution on page 277

It's Genetic

B Y A R E C E S S I V E S S
O G M G D V A R I A T I O N
D O I G O G N I R P S F F O
Y L N E C N A T I R E H N I
D O O E C N E I C S M S U T
I I A V I C E L L S O T C A
S B C O T R A I T S S U L T
O X I L E H E L B U O D E U
R D D U N L S P E R M Y O M
D W S T E Y E C O L O R T O
E H E I G H T L N N R D I T
R N A O N E R D L I H C D H
P H E N O T Y P E A C W E E
A N D M O R G A N I S M S R

ALLELE
AMINO ACIDS
BIOLOGY
BODY
CELLS
CHILDREN
CHROMOSOMES
DISORDER
DNA
DOUBLE HELIX
EGG
EVOLUTION
EYE COLOR
GENETIC CODE
HEIGHT
INHERITANCE
MOTHER
MUTATIONS
NUCLEOTIDES
OFFSPRING
ORGANISMS
PHENOTYPE
RECESSIVE
RNA
SCIENCE
SPERM
STUDY
TRAITS
VARIATION

Solution on page 278

Fish Tank

R B U B B L E S E L B R A M
H E A T E R S S E L B B E P
S R Z L A M P S R E F F U P
E E N I R A M C O O L I N G
R N C G N K L O A C H S I F
F P I H S O K S O S T A N D
P A L T M U I R A U Q A E I
G S Y S R Q T E S T K I T S
Y S R T T O R N D S P M U P
P A C E E A G A G R A V E L
P L A N T S S E L T R U T A
U G E E R L E L N M O L L Y
G A O E A C I C H L I D A X
R E V O C Y S F R O G S S J

ACRYLIC
AERATE
ALGAE
AQUARIUM
BUBBLES
CICHLID
CLEANERS
COOLING
COVER
DEIONIZER
DISPLAY
EEL
FILTER
FISH
FRESH
FROGS
GLASS
GRAVEL
GUPPY
HEATER
LAMP
LIGHTS
LOACH
MARBLES
MARINE
MOLLY
NETS
NITROGEN
PEBBLES
PLANTS
PUFFERS
PUMPS
SALT
SEA HORSE
SHIP
STAND
TEST KITS
TETRA
TURTLES

Solution on page 278

Keeping Clean

N P Y T E F A S P T A E W S
O E G S B A W S U O R A L S
I M O O R H T A B I S C K E
T I L L N E S S L L A I H E
N B O D Y H Y G I E N E A C
E D I S I N F E C T I O N N
V G M O R L T O H P T D D A
E N E O X I U E E A A A W R
R I D P I H A B A P T I A A
P N I M C L U H L E I L S E
A A P A T R T R T R O Y H P
O E E H C L O T H I N G I P
S L Y S C I T O I B I T N A
B C L E A N L I N E S S G L

ANTIBIOTICS
APPEARANCE
BATHROOM
BLEACH
BODY HYGIENE
CLEANING
CLEANLINESS
CLOTHING
DAILY
DISINFECTION
EPIDEMIOLOGY
HAIR
HAND WASHING
HEALTHY
ILLNESS
ORAL
PREVENTION
PUBLIC HEALTH
SAFETY
SANITATION
SCRUB
SHAMPOO
SKIN
SOAP
SWABS
SWEAT
TOILET PAPER

Solution on page 278

Thanksgiving Dinner

Y	T	L	F	N	F	R	I	E	N	D	S	S	L
E	V	R	A	C	G	R	A	C	E	T	A	L	G
K	B	P	M	N	O	V	E	N	U	L	A	T	G
R	R	D	I	N	I	N	G	F	A	B	G	S	A
U	E	T	L	O	O	U	F	D	T	N	N	A	T
T	A	T	Y	B	E	I	R	O	R	S	I	O	H
E	D	F	H	S	N	E	O	O	E	J	L	R	E
N	E	S	T	G	S	F	C	O	B	B	L	E	R
I	I	S	V	S	U	M	T	H	O	T	I	T	S
W	P	G	I	Z	Z	A	R	D	S	R	F	T	T
P	I	N	R	U	T	H	L	S	M	A	Y	U	E
Z	G	Y	N	O	I	T	A	C	A	V	U	B	E
N	I	K	P	M	U	P	N	A	C	E	P	Q	W
V	I	S	I	T	P	U	O	S	L	L	O	R	S

BREAD
BUTTER
CARVE
COBBLER
CORN
DINING
DRESSING
EATING
FAMILY
FILLING
FOOTBALL
FRIENDS
GATHER
GIZZARDS
GRACE
GUESTS
HAM
HOT
LAUGHTER
NAP
OVEN
PECAN
PIE
POTATOES
PUMPKIN
ROAST
ROLLS
SALAD
SOUP
SQUASH
STUFFING
SWEETS
TRAVEL
TURKEY
TURNIP
VACATION
VISIT
WINE
WISHBONE
YAMS

Solution on page 278

Computer Programs

T N E L N G W C O M P A N Y
N O R D I O N R E S W O R B
E I U C U N I I I W I U H N
M T G Z A C U T G T N T S E
P A I L L L A X A A E I A X
O C F U K A C T B M M L R E
L I N E S E N U I U O I C C
E L O E D E S G L O G T O U
V P C O M I C A U A N Y U T
E P C U N A T I D A T A D A
D A C E D I G I F W G E L B
M O S R O R R E N F A E E L
D S G N I M M A R G O R P E
T E E H S D A E R P S L E U

ADWARE
APPLICATION
AUTOMATION
BROWSER
BUSINESS
CALCULATE
CODE
COMPANY
CONFIGURE
CRASH
DATA
DEVELOPMENT
DOCUMENTATION
EDITING
EDUCATIONAL
ERRORS
EXECUTABLE
GAME
IMAGING
LANGUAGE
LINUX
OFFICE SUITE
PROGRAMMING
RUN
SIMULATION
SPREADSHEET
UTILITY
WRITE

Solution on page 279

Bank on It

Y	P	Q	W	N	A	T	I	O	N	A	L	E	G
M	S	A	B	I	L	L	S	I	L	C	T	G	T
O	N	N	Y	A	F	I	N	A	N	C	I	A	L
N	I	I	W	M	L	T	W	S	L	O	D	G	A
O	O	N	C	A	E	A	D	E	S	U	E	T	T
C	C	V	F	R	R	N	N	M	E	N	R	R	I
E	U	E	E	D	O	D	T	C	Y	T	C	O	P
C	A	S	H	B	I	A	R	E	E	S	A	M	A
J	T	T	T	N	Y	C	N	E	R	R	U	C	C
F	I	M	G	O	V	O	L	A	V	A	U	L	T
W	U	E	Z	L	M	S	T	I	S	O	P	E	D
L	G	N	I	K	C	E	H	C	N	A	R	B	E
I	N	T	D	Y	T	I	R	U	C	E	S	W	B
F	E	E	S	S	E	N	I	S	U	B	S	H	T

ACCOUNTS
ATMS
BALANCE
BILLS
BONDS
BRANCH
BUSINESS
CAPITAL
CASH
CHECKING
COINS
CREDIT
CURRENCY
CUSTOMERS
DEBT
DEPOSITS
ECONOMY
FDIC
FEES
FINANCIAL
FUNDS
INTEREST
INVESTMENT
LENDING
LINES
MONEY
MORTGAGE
NATIONAL
OVERDRAWN
PAYMENT
RATE
SECURITY
VAULT
WITHDRAWAL

Solution on page 279

Driving a Car

F T R A V E L L M R E G C A
S E R I T L I Y L I G H T O
L A N G I S C A E R R M P I
E H O R N H E W G K E R A D
E K G Q C I N E S G T V O A
H K R T D G S V E Y U R E R
W S U A S H E I L E M I S L
T L E B P W E R U N M D D R
C A L U I A N D R R O E E E
S D A O R Y G Y O U C T E E
N E O F T W I N D O W S P T
R P M O V I N G O J R P S S
U B T A E S E G U A G E A R
T O U R B O N K N U R T I M

BELT
CLUTCH
COMMUTE
CRUISING
DOOR
DRIVEWAY
ENGINE
GAUGES
GEAR
GRILL
GUIDE
HIGHWAY
HORN
JOURNEY
KEY
KNOB
LEVER
LICENSE
LIGHT
MAP
MIRROR
MOVING
PARK
PEDALS
RADIO
RIDE
ROADS
RULES
SEAT
SIGNAL
SPEED
STEER
TIRES
TOUR
TRAVEL
TRIPS
TRUNK
TURNS
WHEELS
WINDOWS

Solution on page 279

Solar Power

L E N A P M I R R O R P D B
T B Y G R E N E W A B L E A
S H A G L E V L C Q N A S L
M T I T O T U I A A M N E T
E R T R T L C S T M P T R E
T A R V A E O U A N R S T R
S E A O L D R N E B E E A N
Y G C L T A I I H U L C H A
S A K T L C X A E C S E N T
E R I A T N E M T S E V N I
S O N G N A E L C I M T E V
N T G E R U T U F O O R E E
E S A T E L L I T E H N R B
L I G H T C O N V E R T G Q

ALTERNATIVE
BATTERIES
BEAM
CAR
CELL
CLEAN
CONVERT
DESERT
EARTH
ENERGY
FUTURE
GREEN
HEAT
HOMES
INCENTIVE
INVESTMENT
LENSES
LIGHT
MIRROR
NATURAL
PANEL
PLANTS
RADIATION
REFLECTOR
RENEWABLE
REUSABLE
ROOF
SATELLITE
SPACE
STORAGE
SUN
SYSTEMS
TECHNOLOGY
THERMAL
TRACKING
VOLTAGE

Solution on page 279

Collecting Things

E C I R P P A T C H E S Y R
C O M P I L E S R E T S O P
A M S R G G Y A L P S I D P
C I S E N I R U G I F N F I
Q C T S I R O T C E L L O C
U S N E T L B O O K S K S T
I Y E R N M F G T B E N S U
R R M V U O M R F O U O I R
E L A E H D I A E T Q I L E
H E N D S N N P A T I T S S
T W R U K A T H M L T C Q T
A E O E F F C S A E N U R O
G J T E L B M E S S A A B R
O S T C E S N I S N I O C E

ACQUIRE
AMASS
ANTIQUES
ART
ASSEMBLE
AUCTION
AUTOGRAPHS
BOOKS
BOTTLES
BUTTERFLIES
CASE
COINS
COLLECTOR
COMICS
COMPILE
DISPLAY
FANDOM
FIGURINES
FOSSILS
FUN
GATHER
GET
HUNTING
INSECTS
JEWELRY
MINT
ORNAMENTS
PATCHES
PICTURES
POSTERS
PRESERVED
PRICE
RESTORE
TRINKETS

Solution on page 280

Pests

U G N A T R E G G I H C D R
G U B K N I T S L B C R M O
E B I F I R E F L Y A M K T
T Y M R O W W O L G O F A A
I D T S E I L F O S R B T D
M A E G G S E N Q U K T Y E
R L N M K S F U I L C H D R
E C R R R L I T G R O I I P
T O O O Y T F N I U C U D F
S B H W O L B C S I B I S L
U W Y L Y I K E T E H D P E
C E E A T E F S D P C T E A
O B E E T L E P A R T T O B
L S S M Y P I L L B U G S M

APHID
BEDBUG
BEETLE
BITES
CHIGGER
COBWEB
COCKROACH
CRICKET
DRAGONFLY
EGGS
FIREFLY
FLEA
FLIES
FRUIT FLY
GLOWWORM
GNAT
HORNET
HORSEFLY
HOUSEFLY
INSECTS
KATYDID
LADYBUG
LOCUST
LOUSE
MEALWORM
MOSQUITO
MOTH
PESTICIDE
PILL BUG
PREDATOR
STINKBUG
TERMITE
TRAP
WEBS

Solution on page 280

Brewing Beer

N N S J E F L S P O H E A T
P D B T L K I E T U O T S S
S A T A A C O P P E R P M A
O R V S R O B R E C I P E E
U O R T I L A G E R N Z L Y
R M E E T R E A N M F B L P
G A T L T I G Y Z H U A O S
F D T C E A K Z Y S S T S W
D G I N F M W W M A I C U E
T R B U E D A M E M O H G E
R A A R Q M A R S R N J A T
A I N F S I R E A M B E R D
T N B O T T L E M C A S K M
K E G X I N W I F I L T E R

AIR LOCK
ALE
AMBER
AROMA
BARLEY
BATCH
BITTER
BOIL
BOTTLE
BREW KIT
CARAMEL
CASK
COPPER
DRAFT
ENZYMES
FERMENT
FILTER
FLAVOR
GRAIN
GRIST
HEAT
HOMEMADE
HOPS
INFUSION
KEG
LAGER
LIQUID
MASH
MEAD
POT
RECIPE
SMELL
SOUR
STOUT
SUGAR
SWEET
TART
TASTE
WATER
YEAST

Solution on page 280

Get Published

S L A N R U O J L A G E L I
U E D T E N R E T N I T S A
T V V U P U B L I S H E R G
P O A B E S T S E L L E R E
I N N C V B I N D I N G G N
R K C O Y T C O N T R A C T
C C E V R G N I T E K R A M
S A L E S T H G I R Y P O C
U B V R N E W S P A P E R S
N D M P R O D U C T I O N G
A R T I C L E S M U S I C O
M A B O O K S T O R E A Q L
J H M A G A Z I N E S H W B
P A P E R B A C K A I D E M

ADVANCE
ADVERTISING
AGENT
ARTICLES
BESTSELLER
BINDING
BLOGS
BOOKSTORE
CONTRACT
COPYRIGHT
COVER
HARDBACK
INTERNET
JOURNALS
LEGAL
LITERATURE
MAGAZINES
MANUSCRIPT
MARKETING
MEDIA
MUSIC
NEWSPAPERS
NOVEL
PAPERBACK
PRODUCTION
PUBLISHER
SALES

Solution on page 280

Tax Time

E T A L D E D U C T I O N P
C A T L E X E M P T I O N C
G X N A E X T E N S I O N R
S P E N A L T I E S T A T E
R A M O F X N R U T E R A D
E Y Y S G I R F S E G A W I
B E A R N I N G S S O R G T
M R P E G O P A Y S T U B S
U W T P C S I G N A T U R E
N P R O P E R T Y C D I N S
M K R O W R E P A P I B E M
A Q R E P O R T I N G A I R
I N C O M E V A S I O N L O
L P A Y R O L L A R E D E F

ASSETS
CONFUSION
CREDITS
DEDUCTION
DONATIONS
EARNINGS
EVASION
EXEMPTION
EXTENSION
FEDERAL
FINANCIAL
FORMS
GROSS
INCOME
IRS
LATE
LIEN
MAIL
NET
NUMBERS
PAPERWORK
PAYMENT
PAYROLL
PAYSTUBS
PENALTIES
PERSONAL
PROPERTY
REPORTING
RETURN
SIGNATURE
STATE
TAXPAYER
WAGES

Solution on page 281

Made of Wood

S E X O B B E D P O S T T S
R E S U O H H I I T A E D S
E S L W O B N R A B N N H D
S D E S K O C I L I I E G N
S R I K C H R L B W L G U A
E A G C A S A A D F S Y O T
R T H I S B C O A S T E R S
D I R T E L O P M E T O T V
O U B S T W P O R C H E S T
O G A M E C N E F R A M E S
W B F U R N I T U R E M T I
Y E K R O W T R A I L I N G
L B P D N U O R G Y A L P N
P A D D L E O N A C L O C K

ARTWORK
BARN
BASEBALL BAT
BEDPOST
BOOKCASE
BOWL
BOXES
CABINET
CANOE
CHAIR
CHEST
CLOCK
COASTERS
DESK
DRESSER
DRUMSTICKS
FENCE
FRAME
FURNITURE
GUITAR
HOUSE
PADDLE
PINOCCHIO
PLAYGROUND
PLYWOOD
PORCH
RAILING
SHELF
SIGN
SLEIGH
STAIRS
TOTEM POLE
TOYS
TROUGH
TV STAND
WOODWINDS

Solution on page 281

The Olympic Games

F L A M E D I W D L R O W E
C O A C H E S D S L U I O C
B N T D E W L L C A E D G E
E D H E E D A E I B Y L N E
I O L C B M D I T Y N B I R
J N E A A E E F S E O A M G
I S T T D E M Z A L H S M N
N C I H M T D S N L T K I I
G O C L I T L G M O A E W N
N U S O N I O N Y V R T S I
I N U N T M G I G M A B M A
V T Y N O M E R E C M A A R
I R X F N O I S I V E L E T
D Y R E H C R A T N A L T A

ARCHERY
ATHLETICS
ATLANTA
BADMINTON
BASKETBALL
BEIJING
BRONZE MEDAL
CEREMONY
COACHES
COMMITTEE
COUNTRY
DECATHLON
DIVING
FIELD
FLAME
GOLD MEDAL
GREECE
GYMNASTICS
IOC
LONDON
MARATHON
MEDALS
RINGS
SWIMMING
TEAMS
TELEVISION
TRAINING
VOLLEYBALL
WORLDWIDE

Solution on page 281

Symphony Orchestra

E G A T S T E P M U R T B V
H C A B N Y S O U N D S I D
N R E D O M M I S E T O N V
A O N A I P R T L C L A O R
H C S H T A U E O A B E I O
Y A O B C N E N S L C N T M
M D L U E I C I T O U O A A
O R O L S E N R R V P B V N
Z H I L R T E A I E C M O T
A Y S T E F I L N L I O O I
R T T E N M D C G Y S R S C
T H C H O R U S S S U T O E
E M E H T B A H A R M O N Y
C E L L O Q O B R A S S G S

ACOUSTICS
AUDIENCE
BACH
BAND
BASSOON
BRASS
CELLO
CHORUS
CLARINET
COMPOSER
CONCERT
HALL
HARMONY
LOVELY
MELODY
MODERN
MOZART
MUSIC
NOTES
OBOE
OVATION
PIANO
RHYTHM
ROMANTIC
SECTIONS
SOLOIST
SONG
SOUNDS
STAGE
STRINGS
THEME
TONE
TROMBONE
TRUMPET
TUNE
TYMPANI
VIOLA
VOCALIST

Solution on page 281

Media

R O H C N A C O V E R A G E
P P U B L I C I T Y X W N N
A S T R I N G E R G N J I I
M A R K E T I N G O R O P Z
P F A E D E H S I L B U P A
H F T L I R T S O O O R I G
L I I B T N S E N N O N L A
E L N A O E O C L H K A C M
T I G C R T C N I C S L C O
N A S P A S I E N E I I N V
I T X X W U A I E T V T F I
R E X E N I L D A E H W R E
P S N U L E R U S O P X E A
N O I T A T S A C D A O R B

AFFILIATES
ANCHOR
ARTICLE
AUDIENCES
BOOKS
BROADCAST
CABLE
CLIPPING
COVERAGE
EDITOR
EXPOSURE
EXPRESSION
HEADLINE
INTERNET
JOURNAL
MAGAZINE
MARKETING
MOVIE
NEWS
ONLINE
PAMPHLET
PRINT
PUBLICITY
PUBLISHED
RATINGS
SOCIAL
STATION
STRINGER
TECHNOLOGY
WEB

Solution on page 282

True Friends

D O O H D L I H C F G W D E
E E A T T A C H M E N T W M
M V C C O M R A D E S H I P
O I T N X X L S W L Y H C A
T T I O A Y A S A I M O L T
I R V I J T P O T N P N O H
O O I T I I N C T G A E S Y
N P T C D N E I R F T S E B
A P I E E I P A A P H T N U
L U E F E F L T C U Y Y E D
K S S F N F E I T C Q K S D
R C Z A G A H O I R O C S I
G U E G N I D N O B U R A E
O X T N A D I F N O C E D S

ACCORD
ACQUAINTANCE
ACTIVITIES
AFFECTION
AFFINITY
ASSOCIATION
ATTACHMENT
ATTRACTION
BEST FRIEND
BONDING
BUDDIES
CHILDHOOD
CLOSENESS
COMRADESHIP
CONFIDANT
EMOTIONAL
EMPATHY
FEELING
HELP
HONESTY
NEED
PEN PAL
SUPPORTIVE
SYMPATHY
TRUE

Solution on page 282

Take a Taxi

T R I P O Y P S E I T I C W
Y E N O M I L E A G E A A E
H L L A C B D E S X B V G C
L T W K F A L A P D E A C I
E I U L J C G E R D G I A V
V P A S I K N I I G F L B R
A G M H R S V S U F T A B E
R P E A I E T L A A S B I S
T V T V R A V R X R T L E H
H E E S N T T I O E E E R A
G Y R C A T C H R P E U I R
I N E W Y O R K U D R F H E
L N O D N O L O C A T I O N
R I D E U F D N A T S K A Q

AIRPORTS
AVAILABLE
BACKSEAT
CAB DRIVER
CABBIE
CALL
CATCH
CITIES
DISTANCE
DRIVERS
EXPENSIVE
FARE
FLAG
FUEL
GAS
HAIL
HIRE
LIGHT
LOCATION
LONDON
LUGGAGE
METER
MILEAGE
MONEY
NEW YORK
PICK UP
RADIO
RATE
RIDE
SERVICE
SHARE
STAND
STREETS
TAXI
TIP
TRAFFIC
TRAVEL
TRIP
VEHICLE
WAVE

Solution on page 282

Relaxing

P Z C O M F O R T N A P S B
O F O R Y G N I D A E R E H
O P G N U N O S S I L B M S
L K N E S I C R E X E G A D
G U I C T R S A I L I N G N
S N K K A O F I R E S I D E
D H I U E L W I N E U P M I
S I B T R O M G S G R M A R
E K V R T C D N N H E A S F
S I I E E I S I E I I C S C
A N V I R A S K N S T N A O
E G S O N T K O P N S S G Z
Y O G A M G Y O J N E Q E Y
B K O O B E A C H P A R K R

BEACH
BIKING
BLISS
BOOK
BREAK
CALMNESS
CAMPING
COLORING
COMFORT
COOKING
COZY
CRUISING
DINNER
DIVERT
EASE
ENJOY
EXERCISE
FIRESIDE
FISHING
FRIENDS
GAMES
HIKING
LEISURE
MASSAGE
MOVIE
NAPS
PARK
POOL
READING
RESTING
RETREAT
SAILING
SITTING
SKIING
SUNNY
WINE
YOGA

Solution on page 282

Father

H F C I O R E H T N E R A P
U U E N I L P I C S I D N A
G N I V I G R O F K K R E T
S R O L E M O D E L A C R I
L D H E R I T A G E H O D E
O D E T O V E D L C T N L N
Y D O T S U C Y R S G C I T
A P A P C R T A E G N E H C
L L I R G E I C K N E R C E
T P A T E R N A L I R N A P
Y M A N T A G N O R T S O S
R E L A T I V E O A S P C E
Y P P A H G N I H C A E T R
E V O L D E D N O B R A V E

ANCESTOR
BONDED
BRAVE
CARING
CHILDREN
COACH
CONCERN
CONNECTED
CUSTODY
DAD
DEVOTED
DISCIPLINE
FORGIVING
FUN
GRILL
HAPPY
HERITAGE
HEROIC
HUGS
LEARN
LOVE
LOYALTY
MAN
PAPA
PARENT
PATERNAL
PATIENT
PATRIARCH
POP
PROTECTING
RELATIVE
RESPECT
ROLE MODEL
STRENGTH
STRONG
TEACHING

Solution on page 283

Battery-Powered

Y S L O O T L D C A M E R A
R L D S C I N O R T C E L E
U L E A T C I E A I Y N S L
C E Z H U D O L R A L M D E
R C I K A T K M L R O L I C
E U G R C A O P P K U R A T
M A R T L O D M E U E C G R
O N E I O V L A O T T G N I
T R N K D Y L C O B W E I C
E E E L B A S O P S I D R C
S T S T R A C F L O G L A A
H N F M U S I C P L A Y E R
L A P T O P L A C I M E H C
N L C H A R G E T A B L E T

ALKALINE
AUTOMOBILE
CAMERA
CELLS
CHARGE
CHEMICAL
CLOCK
COMPUTER
CURRENT
DISPOSABLE
DRILL
DVD PLAYER
ELECTRIC CAR
ELECTRONICS
ENERGIZED
FAN
GOLF CART
HEARING AID
LANTERN
LAPTOP
LITHIUM
MERCURY
MUSIC PLAYER
RADIO
REMOTE
SCOOTER
SMOKE ALARM
TABLET
TOOLS
TOYS

Solution on page 283

Aerospace

N E T F E N I G N E C A P S
O B C I U S O E O L L O P A
O S O N P S O T S T A E H E
M H S O E K E L S P D A Y Y
I U N T S I C L A U I Y S R
S T G O E T C O A R O L I T
S T L A I N E S C G R H C N
I L A E L T A R O V E R S E
O E O R U A A L T I T U D E
N U S R S F X I P G S K N R
M I L I T A R Y V R A N U L
I M A G I N G G R A V I T Y
C O M E T N O I T I N G I W
P R E S E A R C H C N U A L

AIRCRAFT
ALTITUDE
APOLLO
ASTEROID
AVIATION
BOOSTER
COCKPIT
COMET
CONTROLS
ECLIPSE
ENGINE
FUEL
FUSELAGE
GALAXY
GRAVITY
HEAT
HOUSTON
IGNITION
IMAGING
LAUNCH
LUNAR
MILITARY
MISSION
MOON
PHYSICS
PLANETS
REENTRY
RESEARCH
ROVERS
SCIENCE
SHUTTLE
SOLAR
SPACE
STARS
SUN

Solution on page 283

Math

D E C I M A L U M R O F A E
D P O N U M B E R S E T S Q
A U M E T N E G N A T F U U
S O P G L C C L R Y R O S A
E R U A A N I I P A T U R L
L G T T R E T N C I L A A S
G R E I E H S T E U T R O G
N A V V M I I N C I E L L E
A P I E U O T L O A V P U O
B H T X N Y A R B E G L A M
A I I M E C T N E N O P X E
C N S N U O S E R U G I F T
U G O C O S I N E M I R P R
S M P R O D U C T N U O C Y

ABACUS
ADD
ALGEBRA
ANGLES
AREA
ARITHMETIC
CALCULUS
COMPUTE
COSINE
COUNT
DECIMAL
EQUALS
EXPONENT
FIGURES
FORMULA
FRACTION
GEOMETRY
GRAPHING
GROUP
MONEY
MULTIPLE
NEGATIVE
NUMBERS
NUMERAL
POSITIVE
PRIME
PRODUCT
QUOTIENT
RATIO
ROOT
SETS
SOLVE
STATISTIC
SUM
TANGENT

Solution on page 283

Navigating

D G N I Y L F Z S R S N S T
E E V E H I C L E D O F R R
E N A L P B N E X I U U A A
L N C D A N T S T S T T T V
O I T F R S O A A T H A S E
R A G N G E N I N A P O P L
T T H H O I C L T N O B I A
N P T T T I S K R C L E L T
O A S S R H T P O E E A O I
C C E T A O O A I N L R T T
E D W L C E N U C H I I I U
A J D E G R E E S O S N N D
N L O N G I T U D E L G G E
S T R A H C O M P A S S P G

BEARINGS
BOAT
CAPTAIN
CARTOGRAPHY
CHARTS
COMPASS
CONTROL
DEAD RECKONING
DEGREES
DESTINATION
DIRECTION
DISTANCE
EAST
FLYING
GPS
LATITUDE
LIGHTHOUSE
LOCATION
LONGITUDE
NORTH
OCEAN
PILOTING
PLANE
ROUTE
SAIL
SEXTANT
SHIPS
SOUTH POLE
STARS
STEER
TRAVEL
VEHICLE
WEST

Solution on page 284

Jump in the Pool

J U M P S P A L F S P A K S
S C P E C C S U N S H I N E
B O A E L H N M T J C R D L
R U R L G D L R E K V B O G
A R T Y A N O O B D J O L G
C S Y T M K P O R S C R Y O
E E T S E S A A N I H N M G
T W I E S R U I D S N E P K
A E U E D G F B A D E E I T
N T S R E L E L M T L C C R
S A M F I D P P Y E K E P E
Y O I P I S D N E I R F A A
O L W L B I K I N I O G C D
T F S E V A W G A W A T E R

AIRBORNE
BIKINI
BUTTERFLY
CAP
CHLORINE
COOL
COURSE
DIP
FINS
FLIP
FLOAT
FREESTYLE
FRIENDS
FUN
GAMES
GOGGLES
JUMP
KICKBOARD
KICKING
LAPS
LIFEGUARD
MEET
NOODLE
OLYMPIC
PACE
PADDLE
PARTY
RACE
SLIDE
SPLASH
STROKE
SUBMERGE
SUNSHINE
SWIMSUIT
TANS
TOYS
TREAD
WATER
WAVES
WET

Solution on page 284

Fast Things

M	O	T	O	R	B	O	A	T	E	J	J	S	L
A	N	O	C	L	A	F	A	S	T	B	A	L	L
C	N	W	E	E	X	P	R	E	S	S	G	E	A
H	A	I	R	P	L	A	N	E	V	J	U	D	B
S	L	N	A	M	R	E	P	U	S	R	A	C	E
P	A	D	N	R	J	R	E	T	N	I	R	P	S
E	C	T	M	O	T	O	R	C	Y	C	L	E	A
E	H	S	E	D	N	U	O	H	Y	E	R	G	B
D	A	L	E	L	I	B	O	M	W	O	N	S	B
B	T	I	D	A	L	W	A	V	E	M	I	T	U
O	E	G	N	H	S	I	F	L	I	A	S	N	L
A	E	H	U	V	A	N	T	E	L	O	P	E	L
T	H	T	O	F	P	E	R	E	G	R	I	N	E
A	C	V	S	S	P	A	C	E	S	H	I	P	T

AIRPLANE
ANTELOPE
BASEBALL
BULLET
CANNONBALL
CARS
CHEETAH
EXPRESS
FALCON
FASTBALL
GREYHOUND
JAGUAR
JET
LIGHT
MACH SPEED
MOTORBOAT
MOTORCYCLE
PEREGRINE
SAILFISH
SATELLITES
SLED
SNOWMOBILE
SOUND
SPACESHIP
SPEEDBOAT
SPRINTER
SUPERMAN
TIDAL WAVE
TIME
TRAIN
WIND

Solution on page 284

Electrician

P O S I T I V E R E P M A L
S T T S Q U V R M L R R G R
A R L E E I O U I O Q E P E
Y A O G T L N K Y A A K O P
G I V A N I E S C D P A W P
R N G T M I B R R A P E E O
E E E U L P R R I E L R R C
N D L O I S L I O W I B E U
E A B U G E P I W W A L X R
M C A T H C X A F A N T P R
G O C L T I U C R I C O T E
Z V S E R V I C E K E C U N
K E T T J E B A T T E R Y T
G R O U N D E L L I K S N V

ALUMINUM
AMPERE
AMPLIFIER
APPLIANCE
BATTERY
BLACKOUT
BREAKER
BROWNOUT
CABLE
CIRCUIT
COPPER
COVER
CURRENT
DEVICES
ENERGY
FAN
GROUND
LIGHT
LOAD
NEGATIVE
OUTAGE
OUTLET
PLIERS
POSITIVE
POWER
REPAIR
SERVICE
SKILLED
SPARK
TRAINED
VOLTS
WATT
WIRELESS
WIRING

Solution on page 284

Monosyllabic Words

Z G X N K S M C A R J F N G
A S D W O W U M I H R O C K
Z D N E O D P G N N E G B E
N Z Z P E M B G Q O N R J Z
Q W A J U N K G K M T A O B
B M S J A X A R O O B L U E
Y T Y T S Q U V O O T I W A
Y U I A B A Z H O G I J I T
B Q T U L I N K T W E R G G
N U S D N U G D I U W O N O
Z O V W K I A A O T L O D H
K Y Q S D C X Y U G E F I L
S F Y Y G A V D P Y I I G B
Y G V A E L T T M R A G I P

BEAT
BIG
BLUE
BOAT
BOOK
BUS
DAY
DIG
DOG
FIG
FOG
GOO
HER
HIM
HOG
JAZZ
JIG
JOB
JUMP
JUNK
KITE
LIFE
LINK
LOG
MOO
NEED
NOW
PIG
RENT
RIG
ROCK
ROOF
SAND
STY
SUN
TOO
VOW
WIG
WOW
YOU

Solution on page 285

Acting

S Y W R A P R O D U C E R E
U A C A S T I N G D E A Y C
O L W T R M N S S R L W E N
M P Z S P D A E E A E A M A
A E U R E R R U G M B R U M
F I O E R R G O D A R D T O
G V S H K O O P B I I M S R
E O G E L A T C A E T L O E
S M N A T Q M C N R Y I C S
T P I R C S C C E E T F O E
U D K S V E E S C R E E N N
R W O E N L I G H T I N G E
E M O T I O N C O M E D Y C
C B B T H E A T E R A C T S

ACCENT
ACTS
AGENT
AUDIENCE
AUDITION
AWARD
BOOKING
CASTING
CELEBRITY
COMEDY
COSTUME
DIALOGUE
DIRECTOR
DRAMA
EMOTION
ENCORE
FAMOUS
FILM
GESTURE
IMPROVE
LIGHTING
MAKEUP
MOVIE
PART
PLAY
PRODUCER
REHEARSE
ROMANCE
SCENES
SCREEN
SCRIPT
SETS
STAR
THEATER
WARDROBE
WRAP

Solution on page 285

Sites of the World

E N B P E T R A T O S L O Y
M N G D A N U B E R I V E R
A S A N T A R C T I C A G E
D Q Z E B E R L I N P F D M
E U O M C C A I R O R F I M
R A M A Z O N R I V E R R A
T W O D M C N S C O W O B H
O V U R U I E A R A T K R E
N A N E N T B P I N N G E L
A L T V I C G P M D A N W L
G L F O C R I O E E N A O I
A E U O H A B R A S S I T L
N Y J H U D S O N B A Y X O
T R I L A H A M J A T S S B

AMAZON RIVER
ANDES
ANGKOR
ANTARCTICA
ANTWERP
ARCTIC OCEAN
BERLIN
BIG BEN
CAIRO
CRIMEA
DANUBE RIVER
HOOVER DAM
HUDSON BAY
INDIAN OCEAN
LILLEHAMMER
MOUNT FUJI
MUNICH
NAGANO
NOTRE DAME
OSLO
PETRA
SAPPORO
SQUAW VALLEY
TAJ MAHAL
TOWER BRIDGE

Solution on page 285

Laptop Computers

G G N I P Y T R A C K P A D
P W I R E L E S S D O M A E
S W Z X K I L S R P O O B L
R O T I N O M A U G B B I L
T R N I Z A O L M T E I H S
O K M Y R B A B H S T L S O
U P T G Y R T G R W O E O F
C Y O E F F I C I E N T T T
H R K R N L T F A I W R A W
P E D Q T R I H S P A O C A
A T C I J A E U I V M A P R
D T L K O O B T E N S O N E
M A C B O O K L N E E R C S
P B G N I M A G E I B O O K

BATTERY
BUSINESS
CASE
COMPACT
DELL
EFFICIENT
GAMING
IBOOK
INTERNET
KEYBOARD
LAP
LCD
LIGHT
MACBOOK
MINI
MOBILE
MONITOR
NETBOOK
NOTEBOOK
POPULAR
PORTABLE
POWERBOOK
PROGRAMS
SCREEN
SMALL
SOFTWARE
SONY
THIN
TOSHIBA
TOUCHPAD
TRACKPAD
TRAVEL
TYPING
WIFI
WIRELESS
WORK

Solution on page 285

Halloween Party

S C A C K L E R B A C A M E
N I G H T V M B L A C K E C
A C V E I A U T U M N R A N
C B O T H C T I W S I N O P
K S S B A N S H E E D O R U
S E P W W B O G E Y M A N N
F O I I K E C R W G N R G C
L M D C R I B O D K N O Q H
P U E K A M D S S L O A O Y
S S R E D A M S G D U R R K
E I S D H O G N I V R A C O
M C T S O H G E F O O D C O
A C Y R A C S T R E A T S P
G O B L I N N Y T R I C K S

AUTUMN
BANSHEE
BLACK
BOGEYMAN
BROOMS
CACKLE
CANDY
CARVING
CAULDRON
COBWEBS
COSTUME
DARK
EERIE
FESTIVE
FOOD
GAMES
GHOST
GOBLIN
GOODIES
HORROR
KIDS
MACABRE
MAKEUP
MOON
MUSIC
NIGHT
ORANGE
PRANKS
PUNCH
SCARY
SHADOWY
SNACKS
SPIDERS
SPOOKY
TREATS
TRICKS
WICKED
WITCH

Solution on page 286

Self-Help

E X E R C I S E B E L I E F
G Y C G O S R O I V A H E B
R O A N A P E G U I D E G O
O G G I C E W F C T D Z A O
W A N N H T O O E C I K I K
T P I R I S P C X A C N R L
H A Y A N T N U P O T O R A
Y T A E G E N S L R I W A N
P T R L U G V E O P O L M O
N E P L O A W A R E N E S S
O R F A M I L Y I A S D J R
S N L A N R E T N I P G P E
I S S E N T I F G M M E U P
S M O T I V A T E G U R U Y

ADDICTIONS
AWARENESS
BEHAVIORS
BELIEF
BOOK
COACHING
EXERCISE
EXPLORING
FAMILY
FITNESS
FOCUS
GOALS
GROWTH
GUIDE
GURU
HYPNOSIS
INFLUENCE
INTERNAL
KNOWLEDGE
LEARNING
MARRIAGE
MOTIVATE
PARENTING
PATTERNS
PERSONAL
POWER
PRAYING
PROACTIVE
STEPS
YOGA

Solution on page 286

Cool Things

P M E T A L T S O R F A V L
Z L S O D A P U U T W I M M
A M A R B L E F L O O R S K
P Y I Y A S E G D I R F M G
E N S S I U N S T R U G O Y
K I H D T N E M E S A B O S
A T N M G D G Z U E A E T W
L O I B N A E H P T H Q H I
P L G U I E S S O D U C I M
K A H R R E L O O C Z A E F
M S T B P F U C L R K W E D
W I N D S A S E G W B E N Z
A C S O Q N H A I R T E Y V
K E B T W S Y N D R A F T G

AIR
AUTUMN
BASEMENT
BREEZE
CHEESE
COOLER
DEW
DRAFT
DRINK
FANS
FEET
FRIDGE
FROST
FRUIT
ICE
IGLOO
LAKE
MARBLE FLOORS
METAL
MILK
MIST
NIGHT
OCEAN
PLAYING HOCKEY
POND
POOL
SLUSHY
SMOOTHIE
SNOW
SODA
SORBET
SPLASH
SPRING
SUNDAE
SWIM
TEA
WINDS
YOGURT

Solution on page 286

Tent

P Q K N I A R T N E T A R P
H I K I N G N I P M A C A U
S E Y U D N U O R G X B I T
E D F L B S R T P A R T Y E
P T A H B T E I C A N V A S
O R M M A M T U A I P H O R
R A I B O C E Q M U R U E O
K V L D H N P S P Y T B D O
C E Y I C Y U O S S C U A L
O L N O I L P M I A L G H F
V G T S R O O D T U O S S J
E S G Y C N E W E A T H E R
R E M M U S I Z E S H I P I
P O L E S E K A T S M A L L

ASSEMBLY
BUGS
CAMPING
CAMPSITE
CANVAS
CIRCUS
CLOTH
COTS
COVER
DOME
FABRIC
FAMILY
FLOOR
FUN
GROUND
HIKING
MOSQUITO
NOMADS
NYLON
OUTDOORS
OUTSIDE
PARTY
PEGS
PITCHING
POLES
POP UP
PORTABLE
PUP
RAIN
ROPES
SETUP
SHADE
SIZES
SMALL
STAKES
SUMMER
TARP
TENT
TRAVEL
WEATHER

Solution on page 286

In the Oven

M B K J F Z O F S Z H H T D
A I O O B W O O D U T C H C
S B O N K U Y N T I N Y H V
I D C C C O R T G H E A L H
M C B O I L I N G K M G I U
P A T R R M I Q R B E H O T
A K S O B Y A U E H L T R R
N E A O R F T R D A E R B A
L P O D N U M R E M I T A E
I I R L O R T N O C S H K S
K Z G H L N Y R A N G E E T
Q Z E H R A C K E E R A I O
Y A K I T C H E N I L X S P
T D I N N E R V F L M C O A

BAKE
BOILING
BREAD
BRICK
BROIL
BURN
CAKE
CERAMIC
CHAMBER
CLEAN
CONTROL
COOK
DINNER
DOOR
DRYING
DUTCH
ELEMENT
FIRE
FOOD
FURNACE
GAS
HEAT
HOT
KILN
KITCHEN
KNOBS
LIGHT
MASONRY
MITT
PAN
PIES
PIZZA
POTS
RACK
RANGE
ROAST
SEAR
TIMER
TURKEY
WOOD

Solution on page 287

Salty

Q R E K A H S P I H C C E Y
O C E A N Q K O O C K H L S
E R U S S E R P D O O L B W
T F N A T U R A L N S O A A
S L M R L A K E H D H R T T
A O X E L G U Y T I E I H E
T A D F N K J R L M R D X R
F T E I D G C D A E A E S A
A O R N U T R I E N T T U V
E U O E I M Y A H T T L Y A
C N H D T M S K I F E H S K
E T I H W T T H C N I P G S
Z E Y R O V A S R O S O U R
T E M G B F L A V O R U N D

BATH
BLOOD PRESSURE
BRINE
CHIPS
CHLORIDE
CONDIMENT
COOK
CRYSTAL
CURING
DIET
DRY
FLAVOR
FLOAT
FOOD
GRAINS
HEALTH
ION
KOSHER
LAKE
MINE
NATURAL
NUTRIENT
OCEAN
PINCH
REFINED
RESTAURANT
ROCK
SAVORY
SEA
SHAKER
SODIUM
TABLE
TASTE
WATER
WHITE

Solution on page 287

IN Words

K X C I A C N E M X X I Y V
B D A B V M D I H W A B A A
H T C O Q Q N G H P H P I I
K L S G B E X C B T S K I N
U I Y T W V N B H C Y I N K
R W R O A I D I L M I N I U
Y S G A T S N I F I N D P P
K R U D I D B A S I N I R X
Q I U N M N E L H I I D A Y
M A G I I H I C O N A N I M
D I O A N N N J O N G I T E
N W P T E I G T N I H M N O
L N M I Z E N I V R N I Z K
D C T P D V R I N G N I K B

BASIN
BEING
BIN
BLIND
CHIN
COIN
FIND
FINE
FINS
GAIN
GIN
GRIN
HIND
HINT
INCH
INK
INN
INTO
JOIN
KIND
KING
LINE
MAIN
MIND
MINE
NINE
PAIN
PIN
RAIN
RING
RUIN
SING
SKIN
THIN
TIN
VAIN
VEIN
VINE
WIN
ZINC

Solution on page 287

Neighbors

H C T A W Q G R U M P Y B E
B L O U D N E L A C O L G C
I O S N E T I L O P E D O I
N S H E L P F U L Y S N S N
V E A W B A R B E C U E S C
I R R E N T E R S O O I I L
T O E D E Y S U K M H R P U
E W D S L E O I P M M F W D
I D Y I I I N T R U S I V E
U Y M T X D H M I N D F U L
Q A R O Y O E C V I S I T G
F A N U F G M N A T F I G N
P B K I D S T B T Y S O N I
O P E T S E T C E T O R P S

BARBECUES
CHILDREN
CLOSE
COMMUNITY
COURTESY
DOGS
FAMILY
FRIENDLY
GIFT
GOSSIP
GRUMPY
HELPFUL
HOUSE
INCLUDE
INTRUSIVE
INVITE
KIDS
KIND
LEND
LOCAL
LOUD
MINDFUL
NEW
NICE
NOSY
OBNOXIOUS
PARTIES
PETS
POLITE
PRIVATE
PROTECT
QUIET
RENTERS
RESIDENT
ROWDY
RUDE
SHARED
SINGLE
VISIT
WATCH

Solution on page 287

Farmers

R Y R T L U O P M C K X B Q
F W E M E R U T S A P X N X
H R R F G M U D L E I F L E
L A U A N I M A L S G J L S
F E N I V O B T R O U G H R
N I A M T K T H R E S H J U
C R M S F A L L O W T E S R
O K A G C E R I S W A L A A
W X R B M B N P M N O N O L
O H K O Z I O C S P G L H B
O A E U W R N O E E I O P I
L Y T A C B E E T S R T U B
E S K E T F H N D S D E E S
M D Q F L S Y I E L D R I Z

ANIMALS
BARN
BEETS
BIBS
BOOTS
BOVINE
CATTLE
COW
CROPS
DENIM
FALLOW
FARM
FENCES
FIELD
FRUIT
GOATS
HAY
HORSE
JEANS
MANURE
MARKET
MILK
MUD
ORGANIC
PASTURE
PIG
PLOW
POULTRY
RANGE
RURAL
SEEDS
SHEEP
SILO
SLOP
THRESH
TROUGH
WHEAT
WOOL
WORK
YIELD

Solution on page 288

Romance

S E L I M S T R A E H U G T
E L E V A R T R U O C S U G
V F R O S E S C I S U M N I
O E G O O W H H P D D E I F
D E N A M O R E D N E O T T
A L I E R L S R E O V P E S
T I N M A F E I U M O A D R
E N R O H W R S G A T S O A
T G A T C F E H I I I S T T
A S E I Y L N E R D O I I S
D S Y O D I A D T F N O N L
O I B N N R D A N C I N G O
R K A S O T E D I N I N G V
E C A R B M E S O P O R P E

ADORE
BOND
BOYFRIEND
CANDLES
CHARM
CHERISHED
COURT
DANCING
DATE
DEVOTION
DIAMONDS
DINING
DOTING
DOVES
EMBRACE
EMOTIONS
ENAMORED
FEELINGS
FLIRT
FLOWERS
GIFTS
HEARTS
HUG
INTRIGUE
KISS
LOVE
MUSIC
PASSION
POEMS
PROPOSE
ROSES
SERENADE
SMILES
STARS
TRAVEL
UNITED
WOO
YEARNING

Solution on page 288

Fried Food

D D E L I C I O U S C Y W E
A S E I R O L A C O I U O L
E E S E I R F Y R L R M N Z
R O A M P I D N L T A M T Z
B T U G O F D O C A M Y O I
U A S N W O R B H S A H N S
R T A I G G R Y E T L T S K
G O G N G T O H E Y A L H E
E P E E C I R R S R C A R W
R B A T T E R K E U Q E I E
S E O T A M O T R T M H M R
D J S A L L I T R O T N P N
H S I F S A L T E M P U R A
H E S A E R G J N O C A B P

BACON
BATTER
BREAD
BURGERS
BUTTER
CALAMARI
CALORIES
CHEESE
CORN DOG
DEEP FRYER
DELICIOUS
DIP
EGG ROLL
FATTENING
FISH
FRIES
GREASE
HASH BROWNS
HOT
MUSHROOMS
OIL
PAN
PORK
POTATOES
RICE
SALT
SAUSAGE
SHRIMP
SIZZLE
SKEWER
TASTY
TEMPURA
TOMATOES
TORTILLAS
UNHEALTHY
WONTONS
YUMMY

Solution on page 288

Ancient History

R G N I N N I G E B S E G A
O M S Y M E S O L I T H I C
C I R O T S I H E R P M O H
K P Y T N E I C N A A P T N
R T A G R I C U L T U R E S
E I F S O A H E O S A A Y T
C M R L T L O P T E N I T O
O E I O Y L O O G D C E I N
R P C O I S N E E E P G U E
D E A T E E O R A O D A Q H
E R H M A L T G C H R N I E
D I R G O H E H A E C O T N
C O E G A E Z N O R B R N G
J D Y L I N G U I S T I A E

AFRICA
AGES
AGRICULTURE
ANCIENT
ANTIQUITY
ARCHAEOLOGY
BEGINNING
BRONZE AGE
CULTURES
EARTH
EPOCH
ERA
GEOLOGY
ICE AGE
IRON AGE
LINGUIST
MESOLITHIC
MESOPOTAMIA
NEANDERTHAL
PALEOLITHIC
PAST
PREHISTORIC
RECORDED
ROCK RECORD
STONE AGE
STONEHENGE
TIME PERIOD
TOOLS

Solution on page 288

Surfing the Internet

S E M A G N E E R C S K D S
C I L I N K I F T A H C S O
E M A I L D P A I B B I E E
F A C E B O O K M R M L I D
N G U P H O E W O O E C B I
E E P S I Y M W N D D F B V
W S L C B C S I E L G O O G
S T O O R E T U P M O C H X
W O A N R O N U H C R A E S
O R D N R S S E R D D A D G
D I I E E R U S I E L T N O
N E N C U F O R U M S A U L
I S G T W I T T E R O D F B
W A L A P T O P T E L B A T

ADDRESS
BLOGS
BROWSER
CHAT
CLICK
COMPUTER
CONNECT
DATA
DOMAIN
DOWNLOAD
E MAIL
FACEBOOK
FIREFOX
FORUMS
FUN
GAMES
GOOGLE
HOBBIES
IMAGES
KEYBOARD
LAPTOP
LEISURE
LINK
LOADING
MOBILE
MONITOR
NEWS
PICTURES
SCREEN
SEARCH
SHOP
STORIES
TABLET
TWITTER
UPLOAD
VIDEOS
WINDOWS

Solution on page 289

Sweet Tooth

Y	F	F	A	T	P	U	D	D	I	N	G	L	A
A	R	F	R	U	I	T	R	U	F	F	L	E	S
C	O	S	B	M	B	R	O	W	N	I	E	M	O
E	S	A	E	U	A	E	G	D	U	F	K	A	D
D	T	U	L	I	B	E	I	P	C	Y	A	R	A
G	I	N	G	E	R	B	R	E	A	D	H	A	P
S	N	A	L	A	M	T	L	C	K	N	S	C	O
N	G	T	E	B	R	O	S	E	E	A	K	A	P
I	A	B	O	N	B	O	N	A	G	C	L	V	S
F	D	E	S	S	E	R	T	D	P	U	I	I	I
F	S	W	E	E	T	E	N	E	R	O	M	T	C
U	O	L	A	E	R	E	C	I	R	O	C	I	L
M	Q	X	J	L	O	L	L	I	P	O	P	E	E
P	U	R	Y	S	P	R	I	N	K	L	E	S	O

BON BON
BROWNIE
BUBBLEGUM
CAKE
CANDY
CARAMEL
CAVITIES
CEREAL
DECAY
DESSERT
FROSTING
FRUIT
FUDGE
GINGERBREAD
ICE CREAM
LEMON DROPS
LICORICE
LOLLIPOP
MILK SHAKE
MUFFINS
PASTRIES
PIE
POPSICLE
PUDDING
ROOT BEER
SODA POP
SORBET
SPRINKLES
SUGAR
SWEETENER
SYRUP
TAFFY
TRUFFLE

Solution on page 289

Wear Sunglasses

S E M A R F R E N G I S E D
P A E H C T H G I L N U S A
E A C C E S S O R Y V L L R
C D E Z I R A L O P O T O K
T N L L Z T D U R C E R O E
A I E C B E S O E C D A C N
C L B X T A T A A C I V O E
L B R N P E N F L Z S I L D
E V I T C E T O R P T O O R
S T T T A N N D I A U L R I
A V I A T O R S I H O E E V
W O E W Z V B D I O S T D I
N L S E S S A L G V R A C N
H C A E B R I G H T E B F G

ACCESSORY
AVIATORS
BEACH
BLIND
BRIGHT
CELEBRITIES
CHEAP
COLORED
COOL
DARKENED
DESIGNER
DIOR
DRIVING
EXPENSIVE
FACE
FASHIONABLE
FRAMES
GLASSES
OCEAN
OUTSIDE
PLASTIC
POLARIZED
PROTECTIVE
RADIATION
SPECTACLES
SUNLIGHT
TAN
TINTED
ULTRAVIOLET
UV PROTECTION

Solution on page 289

Survival Kit

D W A R M T H T L A E H F P
Z H S L O O T S N L F M L A
M E N N H L I A D M I I A O
T L N C O G I N S A N R R S
V P N I N I A G T P K R E L
W O D A C C T S H M I O D B
P A L H D I S A S T E R N L
R B T M S A D L R U E N I A
O F G E P A E E G P Y R T N
P P L M R U C A M P I N G K
E A O I C I U W H I S T L E
P C V S N Z F H A T C H E T
A K E M E T D O O F T N E T
T R S A F E T Y D B A G R P

ASPIRIN
BAG
BLANKET
CAMPING
CANDLE
CASH
COMPASS
DISASTER
FIRE
FLARE
FLINT
FOOD
GAUZE
GLOVES
HATCHET
HEALTH
HELP
KNIFE
LIGHTER
MAP
MEDICINE
MIRROR
OINTMENT
PACK
PONCHO
RADIO
RATIONS
RESCUE
ROPE
SAFETY
SIGNAL
SOAP
TAPE
TARP
TENT
TINDER
TOOLS
WARMTH
WATER
WHISTLE

Solution on page 289

Lecture

K L A T M U I D O P I T C H
L E A R N W A T E R E L A Y
C K A E P S C C H A A N D T
E G A U G N A L C N O L D O
N R E T C E L A C I T I R C
S R E C O R D S T A C S E G
T R E P X E E S P L U T S U
H E T Q M T E R S P R E S E
G B A I O U A O V X T N T S
I B C N Q T A O D E S K U T
L A U D T P I M L O N G D A
L J D L B V O C A L I Z E G
A M E O G N I L E S S O N E
H X X E N O R D I R E C T T

ACADEMIC
ADDRESS
CLASSROOM
CRITICAL
DESK
DIRECT
DRONE
EDUCATE
EXPERT
EXPLAIN
GUEST
HALL
INSTRUCT
JABBER
LANGUAGE
LEARN
LECTERN
LESSON
LIGHTS
LINGO
LISTEN
LONG
NOTES
ORAL
PITCH
PODIUM
PRATTLE
QUESTION
RECORD
RELAY
SOAPBOX
SPEAK
STAGE
STUDENT
TALK
VOCALIZE
WATER

Solution on page 290

Lighting Up the House

D I M M E D E S S E C E R R
L U M I N O S I T Y O G E E
S E L D N A C H N B L D I F
N E Y T N E C S E R O U L F
I C L F B R W I C I R G E I
A A T E O H O L S G S N D C
T L S P C B L L E H S I N I
R P O U L T G U D T E L A E
U E C U N N R M N E H I H N
C R B R I L L I A N C E C T
K I K Z S C O N C E R C T D
C F A L A M P A N I O Y I O
B L I N D S M T I T T A W O
B A O V E R H E A D A Y S M

BLAZING
BLINDS
BRIGHTEN
BRILLIANCE
BULB
CANDLES
CEILING
CHANDELIER
COLORS
COSTLY
CURTAINS
DIMMED
EFFICIENT
ELECTRICITY
FIREPLACE
FLUORESCENT
GLOW
ILLUMINATE
INCANDESCENT
LAMP
LUMINOSITY
MOOD
OVERHEAD
PORCH
RECESSED
SCONCE
SUN
SWITCH
TORCHES
WATT

Solution on page 290

Kites in the Sky

Y	O	O	B	M	A	B	A	B	E	A	C	H	D
K	T	O	Y	I	E	I	T	H	T	A	I	L	I
S	P	N	W	G	R	D	E	S	I	G	N	P	A
T	I	A	O	C	O	D	B	R	K	J	S	O	M
F	R	L	R	L	D	L	S	E	X	P	S	W	O
I	I	A	K	K	Y	J	O	C	O	B	G	E	N
L	F	G	N	I	N	N	U	R	B	R	N	R	D
T	E	N	H	U	A	H	T	E	O	E	I	L	T
G	S	I	F	T	M	K	P	A	P	E	R	I	R
N	E	R	D	L	I	H	C	T	H	Z	T	N	E
I	N	P	G	T	C	N	L	I	G	E	S	E	E
Y	I	S	E	D	R	A	G	O	N	T	U	S	M
L	H	S	L	I	G	H	T	N	I	N	G	L	Z
F	C	I	R	B	A	F	L	O	W	O	O	D	G

AERODYNAMIC
AIRCRAFT
ART
BAMBOO
BEACH
BIRDS
BOX KITE
BREEZE
CHILDREN
CHINESE
DESIGN
DIAMOND
DRAGON
FABRIC
FIGHTING
FLOW
FLYING
FUN
GLUE
HIGH
LIFT
LIGHTNING
METEOROLOGY
NYLON
PAPER
PARK
POWER LINES
RECREATION
RUNNING
SILK
SKY
SPORT KITES
SPRING
STRINGS
TAIL
TIE
TOY
TREE
WING
WOOD

Solution on page 290

Cheerleaders

P S P O R T H M E L I M S X
Y C S Y E L L A B T O O F D
P R G C I M C Y J U M P F A
P O O N H T A H T A L M C U
E W E T I O E G E L L O C Q
P D F V C T O T W E N P U S
R A I A V I I L C T R E S D
H T V M N A V C E H D V W D
Y H I G A S R S X E A E E U
T L F R K R T S R E N N A B
H E L J I I Y O I U C T T G
M T I A L P C P F T E S E N
R E P P R S S K V I Y X R O
C S S T L U A V S K I R T S

ACTIVITY
ATHLETES
BANNERS
CHANT
CHEER
COLLEGE
CONTEST
CROWD
DANCE
EVENTS
EXCITING
FANS
FLIPS
FOOTBALL
FUN
GAME
JUMP
KICK
LOUD
OUTGOING
PEPPY
POM POM
PYRAMID
RALLY
RHYTHM
SCHOOL
SCORE
SKIRT
SMILE
SONG
SPIRIT
SPLITS
SPORT
SQUAD
SWEATER
TEAM
VARSITY
VAULTS
VICTORY
YELL

Solution on page 290

Riding the Subway

R S E A T U N N E L I J U E
F A K T G N I T I A W I N D
A C I C R O D N E V I I E I
R X O L I R E T T I L T P R
E S S M S R O T A R E P O A
P R K A M I B V O R L L L C
P O D P P U G U C A U A E H
W O T N W O T N W O D T S J
O D S S E E O E S E E F H C
L X C T I C K E T N H O T E
E X P R E S S A J T C R O B
B U H Y O R S E H E S M O Q
T O K E N W S F D R A O B F
F A S T A N D N A B R U H Z

ARRIVAL
BELOW
BOARD
BOOTH
BRICKS
CAR
COMMUTE
CONCRETE
CROWD
DESCEND
DOORS
DOWNTOWN
ENTER
EXIT
EXPRESS
FARE
FAST
HUB
KIOSK
LINE
LITTER
MAP
OPERATOR
PLATFORM
POLES
POSTERS
RAILS
RIDE
ROUTE
SCHEDULE
SEAT
SIGNS
STAND
STOP
TICKET
TOKEN
TUNNEL
URBAN
VENDOR
WAITING

Solution on page 291

Cave Adventure

A C T I V I T Y G L O V E S
D L I W C R A W L I N G S S
E Q U I P M E N T T H G I L
G N S P E L U N K I N G C I
N G I E X Y D W I P S O R P
I S N M L G S E O B T P E P
B D U I N O I T S U A H X E
M I U O D L H E E C B R E R
I G R M R O A P G M E B A Y
L G F O L E O M E A L N R C
C I D I P L G L P E S E T S
O N N U F E Y N F S D S H N
L G T R O P S T A H D R A H
D L A C I S Y H P D K C A P

ACTIVITY
BATS
CARABINER
CLIMBING
COLD
CRAWLING
DANGEROUS
DEEP HOLES
DESCENT
DIGGING
EARTH
EQUIPMENT
EXERCISE
EXHAUSTION
FLOODING
FUN
GLOVES
HARD HATS
HELMET
LAMPS
LIGHT
MINE
MUD
PACK
PASSAGE
PHYSICAL
POTHOLING
ROPES
SLIPPERY
SPELEOLOGY
SPELUNKING
SPORT
WET
WILD

Solution on page 291

Dining Room

G U E S T S P I T C H E R S
K Z F P A A N I H C C O D E
R T A O B Y V A R G L O S T
O S M O L Y N A P M O C R T
F G I N E D O L E F T R I I
L O L L E X I F H P H Y A N
O B Y L V G T L O P T S H G
W L I M H E A A L I N T C N
E E A T F N R T I C A A A I
R T I F H I O W D T G L B T
S N U W Z D C A A U E P I T
G B S A U C E R Y R L U N I
J S K N I R D E S E E C E S
G L A S S E S L I S N E T U

BUFFET
CABINET
CHAIRS
CHANDELIER
CHINA
CLOTH
COMPANY
CRYSTAL
CUP
DECORATION
DINE
DRINKS
EAT
ELEGANT
FAMILY
FLATWARE
FLOWERS
FOOD
FORK
GLASSES
GOBLET
GRAVY BOAT
GUESTS
HOLIDAYS
HOST
LIGHTING
PICTURES
PITCHER
SAUCER
SETTING
SILVERWARE
SITTING
SPOON
TABLE
UTENSILS

Solution on page 291

Telecommunications

S E R V E R D C I N F O R M
Y K R E S C A N N I N G J O
S C E M C L T B U N A L P D
T O A L L E D N U O B N I E
E M C A R R I E R H B D C M
M P H N C O N V E Y N T T K
S U E G A M I C E A L W U R
H T D I W D N A B R I T R O
J E C S N A R D E R N C E W
L R I U T A A T E M E E S T
I J O S D O U L C R S N O E
A S I I R O E G O L A N A N
M D O B R S R E D I V O R P
E G A S S E M P V O I C E Z

ANALOG
BANDWIDTH
BROADBAND
CALL
CARRIER
COMPUTER
CONNECT
CONVEY
DISTANCE
E MAIL
HUB
IMAGE
INBOUND
INFORM
INTERNET
LINES
MESSAGE
MODEM
NETWORK
OUTBOUND
PICTURES
PLAN
PRODUCTS
PROVIDER
RADIO
REACH
RECEIVER
ROUTER
SCANNING
SERVER
SIGNAL
SOUND
SYSTEMS
VOICE
WIRELESS

Solution on page 291

College Choices

B R I G H A M Y O U N G O C
P J X P Z N O T R E D A M E
Y U O C A R L E T O N N I R
H A R H I E B A Y L O R T O
T N L D N T T H L R B T W M
U O W E U S C E T C R L A H
O M F O N E H H K C A I K T
M O D N T W W O O U N B E R
T P E L O E E L P W D R F A
R P A R S S G M O K E E O W
A C I T I A M R O R I D R S
D A E T T C B E O R S N E G
O R W E L L E S L E Y A S L
N O T E C N I R P C G V T J

BAYLOR
BRANDEIS
BRIGHAM YOUNG
BROWN
CALTECH
CARLETON
CASE WESTERN
CLEMSON
COLGATE
DARTMOUTH
DUKE
EMORY
GEORGETOWN
JOHNS HOPKINS
MIT
NORTHWESTERN
NOTRE DAME
PENN STATE
POMONA
PRINCETON
PURDUE
RICE
SWARTHMORE
USC
VANDERBILT
WAKE FOREST
WELLESLEY
YALE

Solution on page 292

Historical

J G T S A P Y R A M I D S B
S N C K N O W L E D G E A N
T I M P O R T A N T M T R O
U D N N I S Y C G I T S E I
D L O O T E H I T L A E R T
Y I L I A R P S E S R T C C
R U Y G C U A S L H O T O I
T B B I O G R A P H Y A N F
S Q A L L I G L O K A N F A
E Q B E D F O C E O L C L M
C S D R O C E R P O T I I O
N O S T A L G I C B Y E C U
A M A R D M O N U M E N T S
Q C U L T U R E U Q I T N A

ANCESTRY
ANCIENT
ANTIQUE
ART
ATTESTED
BABYLON
BATTLES
BIOGRAPHY
BOOK
BUILDING
CLASSICAL
CONFLICT
CULTURE
DRAMA
ERA
FAMOUS
FICTION
FIGURES
GEOGRAPHY
IMPORTANT
KNOWLEDGE
LOCATION
MONUMENT
NOSTALGIC
OLD
PAST
PEOPLE
PYRAMIDS
REAL
RECORDS
RELIGION
ROYALTY
STUDY
TIMES

Solution on page 292

Auto Repair

S W I T C H Y W R E N C H H
T N I A P R E L F F U M S F
H E T N E R M E C H A N I C
G X K T A L I G N M E N T B
I H T S N U K C A J H L E R
L A O N A A T A R I E X G A
B U O O O G C O B B T A H K
O S L E D I I I M E R U C E
D T S T A R T E R A R I L S
Y O I L E O U I G B T I U A
H U B T R Q O E N S U I T E
Y T N A R R A W P G H L C R
X I F O E N G I N E I O H G
M O T O R A D I A T O R P D

ALIGNMENT
AUTOMATIC
BATTERY
BELT
BODY
BRAKES
CLUTCH
DIPSTICK
ENGINE
EXHAUST
EXTERIOR
FIX
GARAGE
GASKET
GREASE
HOOD
HOSE
HUB
IGNITION
INHIBITOR
INTERIOR
JACK
LIGHTS
LUBRICANT
MECHANIC
MOTOR
MUFFLER
OIL
PAINT
RADIATOR
SHOP
STARTER
SWITCH
TIRE
TOOLS
TORQUE
WARRANTY
WRENCH

Solution on page 292

Hobby

E T Y R L E W E J C H E S S
T P E T S E R E T N I P E K
A E G N I U Q I T N A A L O
E E M W N V E F L I G G Z O
R R K I E I I S N O N G Z B
C T E I T S S T Y B I N U R
R Y F L H S I A C E T I P I
A U C I A N A M G A L P T D
F E N L G X T P N D I M R G
T G K N I T I S I W U A A E
R E A D I N G N G O Q C V C
W R I T I N G U G R W O E N
T B A K I N G F O K G O L A
S L E D O M Y O J N E K T D

ACTIVITY
ANTIQUING
ART
BAKING
BEADWORK
BOOKS
BRIDGE
BUILDING
CAMPING
CHESS
COOK
CRAFT
CREATE
CYCLING
DANCE
ENJOY
FISHING
FUN
HIKE
INTEREST
JEWELRY
JOGGING
KNIT
MODELS
PAINTING
PASTIME
PETS
PUZZLES
QUILTING
READING
RELAXING
RUNNING
SEW
STAMPS
TENNIS
TRAVEL
WRITING
YOGA

Solution on page 292

In the Attic

L I S E H T O L C H E S T B
A N U H I S T O R Y V E O U
D S I S L L A B H T O M Y G
D E T E M C R A F T E R S S
E C C R D O A N T I Q U E S
R T A U G S O R D F K X S B
E S S T H K N L D K O Q M E
C T E I O N W O R B U L A W
O N I N S U L A T I O N E B
R E R R T J D S R E E A B O
D M O U S E T R A P L H R C
S R M F D N E R E S S E R D
T A E H E L U G G A G E K G
B G M V S E R U S A E R T S

ANTIQUES
BEAMS
BOXES
BUGS
CARDBOARD
CHEST
CLOTHES
COBWEBS
DARK
DRESSER
DUST
FURNITURE
GARMENTS
GHOSTS
HEAT
HEIRLOOMS
HISTORY
INSECTS
INSULATION
JUNK
LADDER
LOFT
LUGGAGE
MEMORIES
MOTHBALLS
MOUSETRAP
RAFTERS
RECORDS
SKELETONS
SQUIRRELS
SUITCASE
TOYS
TREASURES
VENTS

Solution on page 293

Mother

S M O M K S E L F L E S S I
U T S R E G R N G G U N L F
P N E E E N F E A U U X A W
P E I D S I D R T G I M N E
O R R N U R U D G H I D R S
R A O E N O B L E L G A E S
T P T T C D E I Y T C U T I
E N S N A A U H A N O R A K
G H E P O E R C O E O V M D
A E C I E S R R L N M S E U
M L N O T C P C G E B O O D
A P A T O A I Y T E A C H N
M E V O L K P A O M B N U I
U R S W E E T Y L J Y F G K

ADORING
ANCESTOR
APRON
BABY
CARE
CHILDREN
CLEAN
COOK
CREATOR
DAUGHTER
DEVOTED
ENCOURAGE
FAMILY
FUN
GENTLE
GUIDE
HELPER
HOME
HUG
JOY
KIND
KISS
LOVE
MAMA
MATERNAL
MEND
MOM
NOBLE
PARENT
PATIENT
SELFLESS
SNUGGLE
SON
SPECIAL
STORIES
STRONG
SUPPORT
SWEET
TEACH
TENDER

Solution on page 293

Tiny Things

L T P R O T O Z O A S X D C
I R A Y S T E B N P N E A W
A I E D B G I L M E E T E Q
N N P M P A G U P S T R B U
E K B I R O B E Q O H T U A
E E U C N E L B H S R A I R
D T T R S P G E B S O D A K
L A T O A X A R E T I M E G
E N O B B T H R E A D F L N
C G N E E N O I T C A R F I
I S N R O B W E N I A R G L
R A T O M D U S T O C K E P
C E L L A G U B Y D A L N A
T E L E Y E G M A R B L E S

AMOEBA
ANT
ATOM
BABY
BEAD
BLUEBERRIES
BUTTON
CELL
DROPLET
DUST
EYELET
FISH EGGS
FLEA
FRACTION
GENE
GERM
GNAT
GOOSE BUMPS
GRAIN
KITTEN
LADYBUG
MARBLES
MICROBE
MITE
MOSQUITO
NAIL
NEEDLE
NEWBORNS
PARTICLE
PEA
PIN
PROTOZOA
QUARK
RICE
SAPLING
SEED
SHREW
TADPOLE
THREAD
TRINKET

Solution on page 293

Front Porch

S T H G I L H E Y P O N A C
E V H O C O D F A E L B A T
A A C R U O R I W F M D E I
T C N S O I V G H E N S H S
I C E W E C N E C A S T W I
N E B N E I K N R T A O E V
G S D O T I A E A E D O M Y
N S C I O R V M R N D L O N
I P V O T K Y W I P O T C O
L N L N F L O W E R S D L C
I Z E A V F E D A N O M E L
A W N I N G E A E Y Q O W A
R I A H C T N E E R C S D B
X T E S N U S T A I R S W X

ACCESS
ARCHWAY
AWNING
BALCONY
BENCH
BOOK
CANOPY
CHAIR
COFFEE
COVERED
DOOR
ENTRANCE
ENTRYWAY
FLOWERS
FRIENDS
HOUSE
INVITING
LEMONADE
LIGHTS
MATS
PLANTS
POT
RAILING
ROCKER
SCREEN
SEATING
STAIRS
STOOL
SUNSET
TABLE
TEA
VERANDA
VIEW
VISIT
WELCOME
WINDOWS
WOOD
WREATH

Solution on page 293

Optometrist

S M E D I C A L A I P O Y M
I K T D I S O R D E R S R E
C C O R N E A V R Q C I E T
L O O R E G N I F U A O S A
E S R Y S A P E M I T C A L
A I E R S H T W A P A U L I
R G G C E I C M X M R L A D
E H L R N C S O E E A A C I
R T A B D A T O N N C R O S
O L U L N R R I N T T T F E
T A C U I T Y U V G A Y I A
C E O R L E N S S E A C R S
O H M R B R E T I N A I T E
D N A Y S L A C O F I B D S

ACUITY
BIFOCALS
BLINDNESS
BLURRY
CATARACT
CLEARER
CONTACTS
CORNEA
CORRECTIVE
DIAGNOSIS
DILATE
DISEASES
DISORDERS
DOCTOR
DRY
EQUIPMENT
EXAM
EYE
FINGER
GLAUCOMA
HEALTH
INSURANCE
IRIS
LASER
LENS
MEDICAL
MYOPIA
OCULAR
PERIPHERAL
RETINA
SIGHT
TREATMENT
TRIFOCAL
VIEW

Solution on page 294

Fun at the Fair

Y	I	C	E	C	R	E	A	M	K	D	K	Z	V
A	D	N	O	V	E	L	T	I	E	S	C	G	K
W	S	N	O	I	T	I	T	E	P	M	O	C	W
D	T	H	A	B	N	G	A	M	E	S	T	O	L
I	F	S	G	C	B	T	B	D	K	T	S	N	A
M	A	E	R	P	N	I	O	Y	O	H	E	C	V
S	R	N	I	R	U	O	R	S	T	G	V	E	I
N	C	O	C	I	F	I	T	E	S	I	I	S	N
O	I	C	U	Z	D	Y	K	T	U	L	L	S	R
O	D	W	L	E	J	S	N	W	O	L	C	I	A
L	N	O	T	S	E	T	N	O	C	C	B	O	C
L	A	N	U	R	I	D	E	P	A	S	S	N	E
A	H	S	R	A	C	R	E	P	M	U	B	S	S
B	A	K	E	D	G	O	O	D	S	W	O	H	S

AGRICULTURE
BAKED GOODS
BALLOONS
BLUE RIBBON
BUMPER CARS
CARNIVAL
CLOWNS
COIN TOSS
COMPETITIONS
CONCESSIONS
CONTEST
COTTON CANDY
FOOD
FUN
GAMES
HANDICRAFTS
ICE CREAM
LIGHTS
LIVESTOCK
MIDWAY
NOVELTIES
PRIZES
RACES
RIDE PASS
SHOWS
SKY RIDE
SNOW CONES

Solution on page 294

Measuring

S H S L E H S U B P U C H J
S N S G U L S E U G A E L P
M N O U N C E S K W C L H O
K N O T S O T I M T E S C I
N I V L E K L E A D E I A N
A W K I L O G R A M S U M T
W Z C I W A E R U S C S I S
Q A T A W S G C M F P J C E
S E T A L I L O I A I O R H
R T T T T O H E R R N U O C
S T A N H T R S R U T L N N
S G E R A O E I P R S E S I
R C R F A C U E E I A S M O
D Y N E S C F R F S K B E C

BARRELS
BUSHELS
CALORIES
CARATS
CELSIUS
CENTIGRADE
CUP
DYNES
EMS
ERGS
FATHOMS
FEET
FURLONGS
GALLONS
HECTARES
INCHES
JOULES
KELVIN
KILOGRAMS
KILOWATTS
KIPS
KNOTS
LEAGUES
LITER
MACH
MEGAWATTS
METRIC
MICRONS
OUNCES
PARSECS
PINTS
POINTS
SLUGS
TEASPOON
TONS
WATT HOUR

Solution on page 294

Jokes

N H U M O R K N A R P L Y J
S W G I G G L E G A G K R E
T C I T N A V C R E U C O S
Y L S T E Q U O C U E L T T
L U H A T N D D R V T A S W
L B O Y R Y I F I P G S F E
I K R D N C T T W E M S E H
S P T E P N A R U Q N I A G
A U J M W E U S I O U C R U
T N C O R T S F M D R I E A
I W C C K T I M I N G R P L
R O C O M I C S B L H O A L
E L D D I R N A E L C N C E
K C I R T W R G O O F Y D T

ANTIC
AUDIENCE
BAR
CAPER
CLASSIC
CLEAN
CLOWN
CLUB
COMEDY
COMICS
CREATIVE
DIRTY
FUNNY
GAG
GESTURE
GIGGLE
GOOFY
HUMOR
IMPROV
IRONY
JEST
JOKING
LAUGH
PARODY
PRANK
PUN
QUIP
RIDDLE
ROUTINE
SARCASM
SATIRE
SHORT
SILLY
STAGE
STORY
TELL
TIMING
TRICK
WITTY
WRITTEN

Solution on page 294

Creative Writing

O B N V J W M A G A Z I N E
Z D I A L O G U E P R O S E
C T H O U G H T S D I J N C
L N A F G E E M O T I O N R
A E I A K R L A N G U A G E
S L K C O U A E G N U N L A
S A U T O T V P S T I B Z T
E T M U B N V M H L A H Y I
T L O A I E T O E Y H S X V
T E N L R V R E O O A I A E
I V T B P D F J S T P L M R
N O S Q R A N O N T P B I N
G N I D A E R A F E S U L E
N O I T C I F T N I R P C G

ADVENTURE
AUTHOR
BIOGRAPHY
BOOK
CLASS
CLIMAX
CONTESTS
CREATIVE
DIALOGUE
DRAMA
EMOTION
ENJOYABLE
FACTUAL
FANTASY
FEELING
FICTION
GENRE
HAIKU
IDEA
INVENTION
LANGUAGE
MAGAZINE
NOUNS
NOVEL
PEN
PLOT
POEM
PRINT
PROSE
PUBLISH
READING
SETTING
SONG
TALENT
THOUGHTS
VERBS

Solution on page 295

Slow Things

E F O T U R T L E D E L A Y
W A L K I N G N I C N A D S
O C G O M J H T W O R G R E
R R N N G O T L I E N R I A
K E O E I A L T W I O E P S
D E I I D H U A H A X B S O
A P S P N L C T S F R E E N
Y T O I O C A T I S R C I S
D L R V O E H S E G E I B E
E E E A R T H W O R M S M K
T B C B F I R R O Y T I O I
O O G A N F P O O R T S Z H
U I W G Y K I G T B M H U W
R L Z E O N A C E Z E E R B

BOIL
BREATHING
BREEZE
BUS
CANOE
CRAWL
CREEP
DANCING
DECAY
DELAY
DETOUR
DRIP
EARTHWORMS
EROSION
EVOLUTION
FISHING
GOLF
GROWTH
HIKES
ICEBERG
INCHWORM
MOLASSES
PROGRESS
ROAST
SEASONS
STRETCHING
TADPOLE
TIME
TORTOISE
TRAFFIC
TURTLE
WALKING
WORKDAY
YOGA
ZOMBIES

Solution on page 295

Music Lessons

S G N O S L V P I T C H I R
P L O Y T I L I B A I P R A
T E M P O D T I R X S R O T
Y A L L N E D P K R U I T E
L R I R E T E M O S M V U S
K N O H K G C T E P X A T E
E T S E G N N L R G J T E L
E M G I H E A O U U L E A A
W H O N M T V N T I M Z C C
S T B Z I E D A S D F P H S
T Y O C T G A I O E L O E W
A H E U U O N P P A R T R T
N R L A C O V I Y D O L E M
D F T N E D U T S N C O D A

ABILITY
ADVANCED
ARPEGGIO
CHORDS
CODA
FLUTE
FORM
GUIDE
IMPROVE
LEARN
MELODY
MENTOR
METER
MUSIC
NOTES
OBOE
PIANO
PITCH
PLAY
POSTURE
PRIVATE
RATES
RECITAL
RHYTHM
SCALES
SHEET
SINGING
SKILL
SONGS
STAND
STUDENT
TEACH
TEMPO
THEORY
TONE
TRUMPET
TUTOR
VIOLIN
VOCAL
WEEKLY

Solution on page 295

Teaching

M K P R A C T I C E H Z Y S
Y S C H O O L S Z O I A R U
G E R F M E L I M U S O S B
N D E A C L R E Q S T N O J
I Q T T E O W D E U O X E E
D H U B M O M U T I R K G C
A R P E R U H C T S Y D A T
E G M K S C H A L K E U U S
R N O I C T U T N L M T G I
A I C E I Q I I W D R I N S
S T U D E N T O B O O K A S
E I R I N B N N N Y F U L A
R R T U C K R E W S N A T R
N W P G E L P O F F I C E T

ANSWER
ART
ASSIST
BELLS
BOOK
CHALK
COMPUTER
DESK
EDUCATION
EQUATIONS
ERASER
ESSAY
GUIDE
GYM
HANDOUT
HISTORY
HOMEWORK
INFORM
KNOWLEDGE
LANGUAGE
LECTURE
MATH
MEMORIZE
MUSIC
OFFICE
PEN
PRACTICE
QUESTIONS
QUIZ
READING
SCHOOL
SCIENCE
STUDENT
SUBJECTS
TEST
TUTOR
WRITING

Solution on page 295

All Kinds of Floors

D U R A B L E P E Z C E C T
T N E M E C A T T L L R O R
U G M U A R A I E B C K L I
O Q L F Q N H A R D W O O D
R L R U I G N A C E A Z R D
G U E M E I M O N K T Z E K
S T A I N S V O O B M A B D
L L P G V E U C C U S R M R
I Y G A R D R B E O S R U U
A G N I T A O L F R D E L B
N S N I T T O T S L A T E B
L G L R V N E X T H O M E E
Q E O V I C A R P E T O I R
S M C L A Y F I N I S H R C

BAMBOO
CARPET
CEMENT
CERAMIC
CLAY
CLEANING
COLOR
CONCRETE
CORK
COVERING
DESIGN
DIRT
DURABLE
FINISH
FLOATING
GLUE
GROUT
HARDWOOD
HOME
LAMINATE
LINOLEUM
LUMBER
MARBLE
MATERIAL
MORTAR
NAILS
OAK
PARQUET
PATTERN
RUBBER
SLATE
SOFT
STAIN
SUBFLOOR
SURFACE
TERRAZZO
TILES
VINYL

Solution on page 296

Fancy Handwriting

D O C U M E N T S Y O B W F
C H I N E S E P E H H I O O
H S U R B K N I C P P N R N
C P D R A H A R I A A U D T
D H I E O M I C T R R E S S
B R A H L M S S C G C V H L
W E L R S I A U A O H I S A
B P A H A N C N R P M S I N
L A I U C C A A P Y E S R G
A P C I T R T M T T N E U U
C R E A T I V E N E T R O A
K N P I V Q F I R E S P L G
T S S E M A N U J S P X F E
K T T E B A H P L A T E X T

ALPHABET
ANCIENT
ARTIST
ASIAN
BEAUTIFUL
BLACK
CHARACTERS
CHINESE
CREATIVE
DECORATIVE
DELICATE
DOCUMENTS
EXPRESSIVE
FLOURISH
FONTS
HARD
INK BRUSH
LANGUAGE
MANUSCRIPT
NAMES
NIB
PAPER
PARCHMENT
PENMANSHIP
PRACTICE
ROMAN
SERIF
SPECIAL
TEXT
TYPOGRAPHY
WORDS

Solution on page 296

Department Stores

V A R I E T Y U E S E A R S
Y S H O E S P S L A R N E S
M A L L S S N R P D E C G H
S H W F C R I P S M I B I I
Y A A A U G A T M O H A S P
U P L T Y R N A H G S T T P
D E E E E A N C N N A H R I
I R I L F N L I H S C O Y N
S S T N E O N P T G D S R G
C E I Q T E U E S U D T L L
O Z U H D R F Y C I R L E O
U I E R S U O T K A D E W V
N S A E L B S E I B A B E E
T G N I D D E B T O Y S J S

APPAREL
BABIES
BATH
BEDDING
BELTS
BOYS
CASHIER
CHOICES
CLOTHES
DISCOUNT
DISPLAY
FURNITURE
GARDENING
GIRLS
GLOVES
HAT
INFANTS
JEWELRY
KIDS
LAYAWAY
MALLS
MANNEQUIN
MEN
PRODUCTS
PURSE
REGISTRY
RETURNS
SALE
SEARS
SHIPPING
SHOES
SIZES
TASTEFUL
TIE
TOYS
UPSCALE
VARIETY

Solution on page 296

Fancy Restaurant

H E V I S U L C X E V O D F
Y N P Y T I L A U Q F A E I
A G J N C O U R S E S H S N
T A M B I A N C E C C T S E
T P T J H K C U I S I N E C
I M O M T A P I T L F E R N
R A K R O F D A L A S L T A
E H O C L S O U N E M U S G
C C D R C B P C L M D P O E
I I E O E W Y H K T V O C L
V R X C L E X P E N S I V E
R T U E B S U O I R U X U L
E A T D A R E Z I T E P P A
S C U L T U R E D I N I N G

ADULTS
AMBIANCE
APPETIZER
ATMOSPHERE
ATTIRE
CHAMPAGNE
CHEF
COST
COURSES
CUISINE
CULTURED
DECOR
DELICACY
DESSERT
DINING
ELEGANCE
EXCLUSIVE
EXPENSIVE
FANCY
FINE
LUXURIOUS
MEALS
MENU
NAPKIN
OPULENT
QUALITY
RICH
SALAD FORK
SAUCEBOAT
SERVICE
TABLECLOTH
TUXEDO
VASE

Solution on page 296

Bedroom

C W O D N I W B D F U T O N
B O O K S T E E H S U R B R
P L V G C Y C A V I R P H Q
M L A E O O W L Y T I N A V
B I T N R E T R O F M O C C
L P R A K S C H E S T G U R
I S T R B E R E S S E R D P
N E S D O L T V M X T T H O
D P O E A R E D R A W E R S
S A T S R E P P I L S M M T
L R O O D T R N S E R E N E
E D H O R E T E P R A C H R
E E P M A L S A M A J A P S
P B C H A I R K M A S T E R

BED
BLANKET
BLINDS
BOOK
BRUSH
CARPET
CHAIR
CHEST
CLOSET
COMFORTER
CORKBOARD
COVERS
CURTAIN
DECORATED
DESK
DOOR
DRAPES
DRAWERS
DRESSER
FUTON
LAMP
MASTER
MATTRESS
MIRROR
PAJAMAS
PHOTOS
PILLOW
POSTERS
PRIVACY
READ
RELAX
SERENE
SHEETS
SLEEP
SLIPPERS
TABLE
VANITY
WINDOW

Solution on page 297

Small Business

S P L T D E M P L O Y E E A
T U E I I N D I V I D U A L
O R N D O T M A N A G E D A
R S D E Y E D K M C C B V T
E U E R T R A I A C O O I I
T I R C L P E O R O L P S P
A T S U A R H S K U L E O A
V E T L I I R K E N A R R C
I G C T C S E E T T T A E O
R D U U E E V M N A E T E M
P U D R P P O H S N R E R P
M B O E S A U D I T A W A A
P F R A N C H I S E L L C N
Y R P G N I L L A C O L P Y

ACCOUNTANT
ADVISOR
AUDIT
BOOKKEEPER
BUDGET
CALLING
CAPITAL
CAREER
COLLATERAL
COMPANY
CREDIT
CULTURE
EMPLOYEE
ENTERPRISE
FRANCHISE
INDIVIDUAL
KIOSK
LENDERS
LOCAL
MANAGE
MARKET
OPERATE
OVERHEAD
PLANNER
PRIVATE
PRODUCTS
PURSUIT
SHOP
SPECIALTY
STORE

Solution on page 297

Dairy Products

C D E R U T L U C L K P P T
U H E D W H E Y O G U R T S
R D E Z I N E G O M O H E K
D R I E I I P E S C Z K I L
S G A U S R A R E N A G R I
N D A D Q E U S O H L D B M
T P L T D I S E S T L S A D
B U U O E E L L T P E E H S
D D M T D F H A L S R I B K
W D R A T S U C C C A R N I
B I O L R E T T U B Z P T M
F N F E Y E L O H W Z A V H
E G S G G E E S S U O M W H
R N U D R I F E K G M C Y S

BRIE
BUTTER
CHEDDAR
CHEESE
COW
CREAM
CULTURED
CURDS
CUSTARD
EGGS
FETA
FORMULA
GELATO
GOAT
HOMOGENIZED
KEFIR
LACTOSE
LIQUID
MILK
MOUSSE
MOZZARELLA
PASTEURIZED
PROCESSED
PROTEIN
PUDDING
SHAKES
SHEEP
SKIM
WHEY
WHOLE
YOGURT

Solution on page 297

Researching

S E A R C H N O I T A T I C
P R O C E S S E L C I T R A
U R B E I V Y I A B S E E T
B A O D R R I D S O J N L A
L O E J A O E E L E P R G D
I A O M E M L V W R H E O S
S I I K I C E P O M Y T O Y
H R L C H D T B X C M N G R
P E A A N A L Y Z E S I N A
A S C T N E T N A R G I I R
P U I E M R R S T U D Y D B
E L D S R A U Y R I U Q N I
R T E T E R D O H T E M U L
S S M L E K Y O J T C A F L

ACADEMIC
ANALYZE
ARTICLES
BOOK
CITATION
DATA
DISCOVER
EXPLORE
FACT
FUNDING
GOOGLE
GRANT
IDEAS
INQUIRY
INTERNET
JOURNAL
LAB
LEARN
LIBRARY
MEASURE
MEDICAL
METHOD
PAPERS
PRIMARY
PROBLEMS
PROCESS
PROJECT
PUBLISH
READ
RESULTS
REVIEW
SEARCH
SOLVE
STUDY
TEST
THESIS

Solution on page 297

Great Words

T E R R I F I C R E T T E B
S G L S O L I D P T S R I F
E N T B P R E E M I N E N T
R I K A A B E S T X R C S S
A H T A E R G S F E D H U O
E S O M L N A A S P E A P M
D A P E I D V P A L L M E E
O M S D A O E R M O L P R R
O S A B R C A U T O E I L O
G E T A T M D S O C C O A F
L O B A O A K N H A X N T E
N L B U N E Q U A L E D I I
E L N D E L A V I R N U V H
E T Y N R O I R E P U S E C

BEST
BETTER
CHAMPION
CHIEF
COOL
DANDY
DEAREST
FAVORABLE
FIRST
FOREMOST
GOOD
GREAT
HOT
INCOMPARABLE
KEEN
LEADING
NEAT
NOT BAD
PARAMOUNT
PEERLESS
PREEMINENT
RESPECTABLE
SMASHING
SOLID
SUPERIOR
SUPERLATIVE
TERRIFIC
TOPS
UNEQUALED
UNEXCELLED
UNRIVALED
UNSURPASSED

Solution on page 298

Fitness Club

S H M A C H I N E S Y M C A
V S G N M Y T I L I C A F A
T H E A L T H L X M R E E T
S S E N L L E W E D L R R N
G T E C T B R M I L O M O E
S R F E B I B O I B V U W M
B E O M F E F P I A W I I P
S A U U R O T C U R T S N I
T D R S P I S E K I B A G U
R M H B C S W I M M I N G Q
O I E A E L C S U M L M B E
P L L G C L A S S E S Y I O
S L O O P I L A T E S G O B
O S C Y C L E S I C R E X E

AEROBICS
BARBELLS
BIKES
CARDIO
CLASSES
CYCLE
DUMBBELLS
ELLIPTICAL
EQUIPMENT
EXERCISE
FACILITY
FEES
FITNESS
GROUP
GYMNASIUM
HEALTH
INSTRUCTOR
MACHINES
MEMBERSHIP
MUSCLE
PILATES
POOLS
ROWING
SPORTS
STEAM
SWIMMING
TREADMILLS
WELLNESS
YMCA
YOGA

Solution on page 298

Faces

T L A F A C H F X O V A L F
E P O G H P Y P M U R G R S
S L E E P Y R A C S L O H P
P D E L A T E D E A W S J I
U K M M O U T H S N C O R L
S R E K O P F S R A E R C I
X E X C I T E D E V D R I N
D R H D C S I R D H Y O E E
G A U N T K E O A I S W H S
E U T U N F U N N Y D A I L
L Q I O I G S G G E P L L H
I S R R H N N E R P L U M P
M E E Y C E I O Y Y O U N G
S X D A M P B Z L E S O N E

AGED
ANGRY
BORED
CHEEKS
CHIN
CRYING
DOUGHY
EARS
ELATED
EMOTION
EXCITED
EYES
FROWN
FUNNY
GAUNT
GLASSES
GRUMPY
HAPPY
LASHES
LINES
LIPS
LONG
MAD
MOUTH
NOSE
OVAL
PLUMP
POKER
ROUND
SAD
SCARY
SERENE
SILLY
SLEEPY
SMILE
SORROW
SQUARE
TIRED
UPSET
YOUNG

Solution on page 298

Running Errands

S V Y P O H S G N I T E E M
T N E M T N I O P P A G S P
O T J T G N I V I R D N B U
R A G X E S Y R T P A I D K
E S R S R R T A U C G R V C
S K O U L A I R K A D U D I
C H C N U L C N S P E E R P
H X E Q O H I S A A N F E H
E G R R A B T B Q R T F T A
D L I S T A S R U K I U U R
U L E F T N E O I I S A R M
L A S I T K M U C N T H N A
E M O D P S O T K G F C S C
T N U A J E D E L I V E R Y

APPOINTMENT
BANK
BILLS
CAR
CHAUFFEURING
DELIVERY
DENTIST
DOMESTICITY
DRIVING
DVD RETURNS
EXCURSION
GAS STATION
GIFTS
GROCERIES
JAUNT
LIST
LUNCH
MALL
MEETINGS
PARKING
PHARMACY
PICK UP
PURCHASE
QUICK
ROUTE
SCHEDULE
SHOP
SNACK
STORE
TAILOR
TASK
TRIP
VETERINARIAN

Solution on page 298

Wealthy

Q H S I V A L D E T H C A Y
T T L U A V E T A T S E S T
R E N W O D B O A T S D T N
A R N G A M M O E A N G O E
V I E O L C A S F O R I C L
E T L L Z H S F B E S N K P
L E R D T A L L E N A T S Y
S R E A B U N D A N C E R T
E L N U E F B M I T V J E I
N U U N Z F C F J A I Y Y R
A X T T S E V N I B M P W A
L U R R M U N I T A L P A H
P R O P E R T Y E N O M L C
P Y F U N D S A D K S R A C

ABUNDANCE
AFFLUENT
ASSETS
BANK
BOATS
BONDS
BUTLER
CAPITAL
CARS
CHARITY
CHAUFFEUR
ENVY
ESTATE
FAMOUS
FINANCE
FORTUNE
FUNDS
GOLD
GREED
INVEST
JET
LAVISH
LAWYERS
LOADED
LUXURY
MAID
MANSION
MONEY
OWNER
PLANES
PLATINUM
PLENTY
PROPERTY
RETIRE
STOCKS
TRAVEL
VAULT
YACHT

Solution on page 299

Fragrance

B I T W O I L S B T H C E T
S R E W O L F G G A I C N S
E C E N E T E N E T K A I P
E O W M I C I A R M T E P R
L F S D L M N U T U T M R A
P F C O L A S E R H R U O Y
M E V A I R U A E F E F N R
A E C L N Q L N J C E R O O
S W F C U D G O D S I E S V
A S R O D O L E N R M P E A
C C B H L H S E R F Y U S S
H E X O T I C E S T E R S Y
E N C L N N R O C P O P X K
T T T A I A M O R A P A O S

AIR
ALCOHOL
ANISE
AROMA
BAKERY
BOUQUET
CALMING
CANDLES
CITRUS
CLOVES
COFFEE
COLOGNE
ESTERS
EXOTIC
FLOWER
FRESH
FRUIT
INCENSE
JASMINE
LAUNDRY
LEATHER
MUSK
NATURAL
NOSE
NUTMEG
ODOR
OILS
PERFUME
PINE
POPCORN
RICH
SACHET
SAMPLE
SAVORY
SCENT
SMELL
SOAP
SPICE
SPRAY
SWEET

Solution on page 299

Recycle Things

G N I G A K C A P L A N E T
B E C O L O G Y G R E N E W
A W N G A R B A G E A R T H
L S O N X S E C R U O S E R
U P I S O E A G A H C L D G
M A T E R I A L S N L R R S
I P U L S R T A V I S E A C
N E L T S E R C F A N T O I
U R L T A T L D E I G N B T
M N O O L T N I A L S E D S
G Z P B G A H T T U L C R A
S T E E L B N X M X H O A L
T S O P M O C E S U E R C P
E L C Y C E R Z S L A T E M

ALUMINUM
BATTERIES
BOTTLES
CANS
CARDBOARD
CENTER
COLLECTION
COMPOST
CONSUMER
CONTAINER
EARTH
ECOLOGY
ENERGY
GARBAGE
GLASS
GREEN
LANDFILL
MATERIALS
METALS
NEWSPAPER
PACKAGING
PLANET
PLASTICS
POLLUTION
RECYCLE
RENEW
RESOURCES
REUSE
SALVAGE
STEEL
TEXTILES
TRASH

Solution on page 299

Presidents' Day

N A T I O N S H O P P I N G
V N S X M O N D A Y T P O N
A L A K C E L E B R A T E I
C O M M E M O R A T I O N D
A C I R E M A D R N H H O N
T N F L A G I I Z U B F T U
I I H I S T O R Y O U E G O
O L A V I T S E F C N B N F
N A R O I Z Y A D H T R I B
R R N S E G A M I D I U H E
M E M O R I A L U E N A S L
E D I R P Y S N I A G R A B
F E I H C H O L I D A Y W O
V F L O A T S L E A D E R N

AMERICA
BARGAINS
BIRTHDAY
BUNTING
CELEBRATE
CHIEF
COMMEMORATION
COUNTRY
DEAD
FEBRUARY
FEDERAL
FESTIVAL
FLAG
FLOATS
FOUNDING
HISTORY
HOLIDAY
IMAGES
LEADER
LINCOLN
MEMORIAL
MONDAY
NATION
NOBLE
PATRIOTISM
PRIDE
SHOPPING
TRADITION
VACATION
WASHINGTON

Solution on page 299

Reference Works

E I D E T A R U C C A C G Q
S N I C G E B O L G A B U D
U S C R O D N H D T I O I E
R T T Y E M E I A B T B D S
U R I L C P P L L E W F E K
A U O A S L O I W N O B L R
S C N U O G O R L O O O E E
E T A T U G I P T A N O C F
H I R C R X T N E S T K T E
T V Y A C X O X E D N I R R
O E P F E T R A H C I Y O E
W H I T E P A P E R W A N N
Y A I S E C O N D A R Y I C
U C P A M S T N E T N O C E

ACCURATE
BIBLIOGRAPHY
BOOK
CATALOG
CHART
CITE
COMPILATION
CONTENTS
DESK
DICTIONARY
ELECTRONIC
ENCYCLOPEDIA
FACTUAL
FOOTNOTES
GLOBE
GUIDE
INDEX
INSTRUCTIVE
KNOWLEDGE
MAP
ONLINE
QUOTE
REFERENCE
REPORTS
SECONDARY
SOURCE
TEXT
THESAURUS
WHITE PAPER

Solution on page 300

Attorneys

J U D G E O W I T N E S S T
C L I E N T R U O C Y R U J
D A M A G E S N E C I L O U
E R E C N E D I V E E D L S
F E D I S P U T E S K A I T
E D I V O R C E A N N N T I
N E A I R E B C O I O E I C
S F T L A W C W M I G O G E
E L I A B I L I T Y N P A C
S A O R D E R O T R I B N I
S I N E D C M R F C R U T F
I R N G B O O K S E A S Q F
O T E Y R E T A I N E R V O
N O T A R Y X O R P H S P Z

ACCIDENT
BAR
BOOKS
CASE
CIVIL
CLIENT
COURT
CRIMINAL
DAMAGES
DEFENSE
DISPUTE
DIVORCE
EVIDENCE
FEDERAL
FEES
HEARING
JUDGE
JURY
JUSTICE
KNOWLEDGE
LAW
LIABILITY
LICENSE
LITIGANT
MEDIATION
MOTION
NOTARY
OFFICE
ORDER
PRACTICE
PROXY
RETAINER
SESSION
SUBPOENA
TRIAL
WITNESS

Solution on page 300

Islands Everywhere

B O R N E O K I N A W A V V
R E T S A E T A S M A N I A
S T N I J I F N S L Y A C D
A S O G A P A L A G E N T A
R H A I T I L K D N N T O N
D I H F T O K E M O S U R E
I C U U T G L Y I K S C I R
N E E A O M A S R G O K A G
I L G R E E N L A N D E D H
A A U V F E D B L O A T U A
B N A D C W S A T H B A M W
U D M S I C I L Y A R V R A
R M A U R I T I U S A A E I
A B U C S A M A H A B J B I

ADMIRALTY
ALEUTIAN
ARUBA
ASCENSION
ATOLLS
BAHAMAS
BALI
BARBADOS
BERMUDA
BORNEO
CAY
CUBA
EASTER
FALKLANDS
FIJI
GALAPAGOS
GREENLAND
GRENADA
GUAM
HAITI
HAWAII
HONG KONG
ICELAND
ISLET
JAVA
KEYS
MAURITIUS
NANTUCKET
OAHU
OKINAWA
SAMOA
SARDINIA
SICILY
TASMANIA
VICTORIA

Solution on page 300

Driving on the Freeway

E T S F D E D W O R C I L B
R C R S A C C E S S N A R S
T O I U A E E X I T N I N F
U N U L C P L P E E D G A A
R C E T O K R R S G I S V S
N R S D E P S E E S T R N P
P E R W I T L S D V W E O H
I T A E A C S S S N O D I A
K E C T I A C W P A U L T L
E U E H P R S A M C G U C T
N M E R G E R Y A I T O E O
D V E C I F F A R T A H R L
Q V M E D I A N B Y R S I L
O N E T U M M O C R O A D S

ACCESS
ACCIDENT
ASPHALT
BARRIER
BRIDGES
CARS
CITY
CLOVERLEAF
COMMUTE
CONCRETE
CROWDED
DIRECTION
EXIT
EXPRESSWAY
FAST
GAS
INTERSTATE
LANES
MEDIAN
MERGE
OVERPASS
POLICE
RAMPS
ROADS
ROUTE
SHOULDERS
SIGNS
TAR
TOLLS
TRAFFIC
TRUCKS
TURNPIKE
UNDERPASS
VEHICLES

Solution on page 300

See India

I Y R O T S I H D D U B J G
E P T H I N D U I S M S D A
R N O A D O O W Y L L O B D
U O U S H I M A L A Y A S Y
T I R I B T H S T R O S E R
N G I A S C E L E P H A N T
E I S L L A F R E T A W I S
V L T S A R N A I D N I R U
D E S E V T I S I V W T H D
A R C H I T E C T U R E S N
N A A C T A J M A H A L N I
C H V A S H O P P I N G P R
E I E E E P A C S D N A L A
J B S B F C O U N T R Y N S

ADVENTURE
ARCHITECTURE
ASIA
ATTRACTIONS
BEACHES
BIHAR
BOLLYWOOD
BUDDHIST
CAVES
COUNTRY
DANCE
ELEPHANT
FESTIVALS
HIMALAYAS
HINDUISM
HISTORY
INDIAN
INDUSTRY
LANDSCAPE
NEW DELHI
RELIGION
RESORTS
SARI
SEA
SHOPPING
SHRINES
TAJ MAHAL
TOURISTS
VISIT
WATERFALLS

Solution on page 301

Going Bananas

N N F R I E D P I L S N B U
I E B S E E D L E S S A X Y
K P E U I P O A M O N K E Y
S I G R N L O N G A O S K T
E R D D G C G T N D T P A H
D Y S O U T H A M E R I C A
I S W E E T P T T F E H S R
B N A T I U Q I H C S C O V
L A K P D W U O E T S A F E
E C U D O R P N A Z E N T S
E K I L F S E E R T D A G T
P N L T I L P S A N A N A B
G E L O D O O F R O V A L F
Y I L I S T E M A R E B I F

BANANA CHIPS
BANANA PUDDING
BANANA SPLIT
BUNCH
CAKE
CHIQUITA
DESSERT
DOLE
DRIED
EAT
EDIBLE
FIBER
FLAVOR
FOOD
FRIED
FRUIT
GOOD
GREEN
HARVEST
LONG
MONKEY
PEEL
PIE
PLANTATION
PRODUCE
RIPEN
SEEDLESS
SKIN
SLIP
SNACK
SOFT
SOUTH AMERICA
STEM
SWEET
TREES
YELLOW

Solution on page 301

Rhymes with Sue

V C N T Z L Z L T G C X D D
X B O F L E W B W V T R Y Q
N R H M O E B E O N A C F K
U U W B H T R A L D T B A C
F R E C Y D R I M B T Z F O
C I H S S Y S N H B O F O O
E W W T W V N T N O O H E G
W N E F E J O A E N S O S W
O W D K L V Q O D O C T P V
V E W G S I O U X I R W E D
W I Y R H H E M M E E E W L
F V O E A G U A W R W U W X
F L U W G U L H B E A L L E
J C Q J G H G S N A Q B A C

ADIEU
BAMBOO
BLEW
BLUE
BREW
CANOE
CHEW
CLUE
COO
CUE
DEW
DREW
EWE
FEW
FLEW
FLU
FONDUE
GLUE
GOO
GREW
HUGH
KAZOO
NEW
SCREW
SHAMU
SHOO
SIOUX
SKEW
SLEW
SPEW
STEW
STREW
TATTOO
THRU
TWO
VIEW
WAHOO
WHEW
WHO
YOU

Solution on page 301

Credit Cards

Y	T	F	E	H	T	Y	F	Y	O	T	Y	M	W
I	E	T	F	R	U	L	N	R	X	G	T	Z	N
K	K	N	A	B	O	A	E	K	A	B	N	A	B
E	C	U	O	A	P	C	W	G	C	U	M	S	U
C	I	O	N	M	N	X	S	C	R	E	D	I	T
X	Q	C	O	A	E	B	O	W	E	A	H	V	K
F	O	C	L	S	R	E	B	M	U	N	H	C	Y
N	L	A	R	W	U	N	G	I	S	R	N	C	M
G	B	U	S	A	C	I	P	N	S	P	E	N	D
T	P	H	O	L	E	L	I	M	I	T	R	L	B
R	O	X	F	L	S	N	N	T	Y	H	O	I	C
P	G	T	R	E	P	O	R	T	B	G	T	A	N
A	O	R	A	T	E	S	W	I	P	E	S	D	D
E	L	B	I	L	L	L	G	H	L	H	D	O	Y

ACCOUNT
APR
BALANCE
BANK
BILL
BUY
CASH
CHARGE
CHECK
COMPANY
CREDIT
DEBT
FEE
FRAUD
GOLD
ISSUER
LIMIT
LOAN
LOGO
MONEY
NAME
NUMBER
ONLINE
OWE
PIN
PURSE
RATES
REPORT
SCORE
SECURE
SHOP
SIGN
SPEND
STORE
SWIPE
THEFT
THIN
TOTAL
VISA
WALLET

Solution on page 301

Mining the Earth

C O A L G H S U R D L O G U
S L E N N U T V E I N S S R
D I G G I N G E P F N U H A
S E N O T S P X P F I O O N
M E I H S T E T O I A R V I
E C L T A E X R C C T E E U
T R L R L E C A R U N G L M
A U I A B L A C K L U N G Y
L O R E R O V T R T O A T T
A S D N O M A I D E M D L E
D E P O S I T O I L V F A F
T R U C K M I N E R A L S A
S A G E O L O G I C A L I S
A C C I D E N T S H A F T S

ACCIDENT
BLACK LUNG
BLASTING
CART
COAL
COPPER
DANGEROUS
DEEP
DEPOSIT
DIAMONDS
DIFFICULT
DIGGING
DRILLING
EARTH
EXCAVATION
EXTRACTION
GAS
GEOLOGICAL
GOLD RUSH
METAL
MINERALS
MOUNTAIN
OIL
ORE
PIT
RESOURCE
SAFETY
SALT
SHAFTS
SHOVEL
SILVER
STEEL
STONES
TRUCK
TUNNELS
URANIUM
VEIN

Solution on page 302

Squash

H B R E B B U R F A S T J Y
I S C R O O D N I G N I W S
T V C T R U O C C I S N Y I
R P D O E N C O O S E R V E
O Y L H R C I P M Y L O Y M
P Q E A S E O L N R G D F A
S O G L Y I E M B E N O I G
G C P L L A L T P F I U L Q
N M L U G O G G L E S B F H
I A A U L V V X N R T L O B
R F E T O A T H L E T E N W
T E U Q C A R U L E S S P Y
S J B N S H O E S P E E D R
L L A W C L U B A L L I K H

ATHLETE
BALL
BOUNCE
CLUB
COMPETE
COURT
DOUBLES
ENGLISH
FAST
FUN
GAME
GOGGLES
HIT
INDOOR
IOC
KILL
LEAGUE
LOB
MATCH
NET
OLYMPIC
PLAY
POINT
POPULAR
RACQUET
RALLY
REFEREE
RUBBER
RULES
SCORE
SERVE
SHOES
SINGLES
SPEED
SPORT
STRINGS
SWING
TIN
VOLLEY
WALL

Solution on page 302

Kelp Forest

G N I V I D E T C E T O R P
K T R O P I C A L J E L G A
L D V D H M O B E Y T I R C
A E I O A A S U V C A F O I
T N C O B C Y C I N R E W F
S S I F I R S S T A E A T I
A I T M T O T K C Y P H H C
O T A D A A E E U O M A C I
C Y U N T L M L D U E R R T
D D Q A P G S P O B T V A C
A L A S K A X B R K F E E R
L O B S T E R E P I T S S A
P C Q V H O L D F A S T E A
F R O N D S M S I N A G R O

ALASKA
ANIMALS
AQUATIC
ARCTIC
BUOYANCY
COASTAL
COLD
DENSITY
DIVING
ECOSYSTEM
FOOD
FRONDS
GIANT KELP
GROWTH
HABITAT
HARVEST
HOLDFAST
KELP BEDS
LIFE
LOBSTER
MACROALGAE
ORGANISMS
PACIFIC
PRODUCTIVE
PROTECTED
REEF
RESEARCH
SAND
SCUBA
STIPE
TEMPERATE
TROPICAL

Solution on page 302

Heavy Metal Music

S B D T A E B V I M A F M D
Q Q P M U A S O L H S J F P
O L O U S F C C S L E S D U
I W W S F O Z A B A V T I N
D V E I N L R L N M O A V K
A K R C M H Y S U A L G L C
R L E A T H E R K E U E Q O
L R B J T G D I I R M N Y R
T A U U N I D R O C E R V U
L J T U M R U P E S S E I O
O B R E G N A G C G G D D T
U G I W M R B A N D N N E X
D R A H T U O Y A E S I O N
Y C H Y S O U N D A R K S S

ALBUM
ANGER
BAND
BASS
BEAT
CONCERT
DANCE
DARK
DRUM
GENRE
GRUNGE
GUITAR
HAIR
HARD
JEANS
KISS
LEATHER
LOUD
LYRICS
METAL
MUSIC
NOISE
PARTY
POWER
PUNK
RADIO
RECORD
RIFFS
ROCK
SCREAM
SINGER
SONGS
SOUND
STAGE
THRASH
TOUR
VIDEOS
VOCALS
VOLUME
YOUTH

Solution on page 302

ANSWERS

R A S P B E R R Y T S A T F
B P I R A P B E S B S F O R
R P B E G A I D L J Y R C U
A L S S E R S A L A E O I I
B E P E L G C L O R N V R T
U L L R H K U A R S T A P N
H T U V B C I M E E U L A A
R E M E G H T R D J H F Y R
A M R S B A V A U G C K P R
O R A N G E M M B V C M E U
Y U O C S E R G N I N N A C
F O X M M S U R T I C I C B
V G T O A S T S Y R R E H C
P D H C I W D N A S U G A R

Jams and Jellies

T H D Q U I L L E A D W K Z
H Y I R E S A R E T T O L B
E G N G L Q D V Y Z O D O A
S R V E H H S U R B K I Q M
A A I M P L E M E N T C S B
U P X G D D I T I A R T U O
R H P E E I O G B E A I T O
U I L L V N E L H T T O A C
S T E L I K E C I T N N R T
T E T R C A T O O L E A A T
Y N S H E E N J K U M R P S
L M A R K E R C S N G Y P M
I I P S R R U L E R I X A W
R N O Y A R C T D E P B X P

Writing Utensils

A B S T R A C T M U I D E M
F I L M X P O H S O T O H P
R E G R A L N E B N M O O Z
O G N I G D O D E O S R T D
R E G S E G A M I I E H E G
C L O S E U P L L T G E L N
A U P B M O O H E I P W A I
M P L U L F O M L S M O N P
E U B E T U T K O O N D D P
R L V R E H C S D P J A S O
A E O T G A I E P M K H C R
D P T I B T R I P O D S A C
P E L G N I S S E C O R P A
S C I T P O T O H P E L E T

Photography Class

C E E N I T A M H O R R O R
I P O P C O R N O I T C A E
T A I E R U T N E V D A S M
N T N Q H O L L Y W O O D A
A O D C R E D I T S D M F K
M L I N E E R U T A E F O E
O R E T S U B K C O L B R M
R F E D A T E L N T C E E I
C R S S U M A E E A I B I T
O I P Q T S I K U M C O G W
M E I U S R C N E Q L H N O
E N L I N I O R A X R E O H
D D C E T U P O Z V T A E S
Y S A T N A F A M I L Y M R

Going to the Movies

V O A D O S A U C E N E V O
S E L B A T O M A T O H S Y
E D S O G A M E S R E P A C
T N O C A B E E F L I S A B
A M O O R H S U M N O I N O
L P A Z V A O N A G E R O X
P L A R L M P C A H G U O D
N I H T I A H D P P D Q N R
C D G S R N C H I C K E N I
C R U S T O A T Z N H I M N
C I L R A G N R Z F I E N K
P E P P E R L S A E A N W S
Y F D O L I V E A T I N G Y
J Z E Y T S A T S A P N U F

Pizzeria

G B L O O D C A N I R T A K
I R A V T R O P P U S H Y P
F M E R O C M O S T U T E L
H U A N T L M O L M E F Y E
Z T N N A O U I A F I E C H
D E L D U C N N A L K K N O
O I C A S S I S T A N C E S
N T S N E T T R U E R H G P
A O C A A H Y Q R Y E A R I
T R W R S L H D C U D R E T
I N I A O T U N E C H I M A
O A N U R S E B P E Q T E L
N D I A H G S R M I N Y N N
P O E D A N O I T A C U D E

Red Cross to the Rescue

L I C N E P C O M P O S E I
R E C O N N E C T I O N P N
S H P A R G A R A P Q S O C
S E E M L C N N F K N I L R
E A N R A L O E R U T G E E
R R P L E T I N P A M N V A
D T A O E Q S G T I E N T
D F L V D L U U R A S D E I
A E R E V I L E D A C T V V
I L S D R A C T S O P T L E
E T A K S M N S O T O H P E
T H A N K Y O U S T O R Y A
A P O S T S C R I P T Y P E
D N E S E L D O O D Y D O B

Write a Letter

I A L C O H O L O T T E R Y
C L B B H G U M I D O O F K
O I N E P O S Y A W L A R U
R G T V B A C O F F E E E B
N H M E G G R O C E R I E S
E T A R E M A C L I C E Z E
R E P A P S W E N A R N E I
E R S G A D O S U F T R R T
S S E E Y O L P M E B E D L
T W T S O U V E N I R S R E
R E I H S A C T A D E L I V
O E C H I P S R E T A W N O
O T Y F U E L C A N D Y K N
M S T N I M S N A C K L I M

Convenience Store

G N O L E L L A R A P F S S
H S E C U R I T Y N A L A G
D E P A R T U R E L T A F N
U N O I T C E R I D H T E I
Y A W I X A T L I F T R T K
L L J O G N I Y L F T O Y R
A P E T D G H C A O R P P A
N R T V H H L R W E G R V M
D I S T A N C E P K E I K P
I A I A Y R R U W A A A G I
N N F M I K G P O T R A A L
G T L A H P S A I T T U C O
T E T E R C N O C E M E N T
C A M R A T N E M E V A P S

Airport Runway

T D L V A R T L G L K Y H V
D O O W O M J Y W N N O T W
W R O L O Y D S D J I U G G
P O O L B L A N K E T W N T
A C R B M F Q E A N S K E P
I E O K A F G T F R T I L S
R H Z B B U V T S E G A G S
S C R T A H N I F T S W H N
O I A G H U N M S T I T C H
C S V B O G A W I A N H P O
K R T C L L I C Z P N I L O
S V A E F E A B E E N N O K
N E M F S X Q C T R A P N P
T S L A T E M W E A V E G W

Knitting Needle

C K R O W E M O H C A O C N
L C O N T E N T L I C N E P
A S H O W X N I A L P X E A
S E T N B E B M U E S U M C
S R I M P R O V I N G U A A
K U P R A C T I C E P V D D
L T R R O I G E L L E L V E
E C I U K S E N I Z A G A M
S E L D A E S F I R V N N I
S L O E R S T E U Y R Q C C
O L O M D I E T F A F U E M
N I H A N O L H E O V I D A
S K C G V U M L T Y R Z D X
B S S T C U R T S N I P W E

Educational

E S A R H P R A M M A R G S
C W R I T I N G E N O U N J
D C O L O N O V E O Q O I S
F O R M A T I O N I I T L R
L J I A H T T A R T I C L E
A P N R C T C T S I S E E N
N R O E E V N E S S D J P I
G E J X E P U N A O R B S M
U D T R P Q J S L P O U B R
A I B F S N N E C E W S R E
G C Y G O L O H P R O M N T
E A Q D E S C R I P T I V E
S T O R Y R A N O I T C I D
Q E R U T C U R T S E L U R

Words about Words

H R E G R U B I M A L A S D
L E E L G O D T O H T P L A
E O R T L S U B M A R I N E
F I E O J A L G V O V E P R
A L G M L E B O U E W G P B
L N A A T L C T R R T G C P
A E S T O A S W A L L S U A
F K U O D H U P B E E A C S
R C A O D R A T S U M L U T
E I S E S I A N N O Y A M R
U H S T U C D L O C T D B A
B C L U B K F A O L T A E M
E J A M F D O O W G A D R I
N O C A B I N I N A P H A M

Eat a Sandwich

L A K E M A R I N E L I F E
S W I M M I N G Y A D R F N
P I B S O N B K R N E D I V
A L I E P R C O A T O N S I
C D R V O O C L A C A E H R
I L D A R F S W K T H S I O
F I S W T I T E N C I A N N
I F E N I L T S A O C N G M
C E A D A A A E B G I D G E
I R S S M C B N F L U G W N
T I H R E S O R T P Z L E T
I V O Q D O L P H I N S L R
E E R O S I O N A E C O F S
S R E D I S A E S F F I L C

Around the Ocean

T R J R J N E V G N O R T S
O E V B S I P N A D N E L B
P C M P L G N S I N G G P K
W U I R U A F S U H I U P J
O A L F U R C J T G C L M A
L S D R I O Y K G A A A L V
L I D E W M G S F P N R M A
A G N S R A B F F I L T E R
W D N H E T E V E E L S T O
S E A I D I A C L E R A M V
Y C Y R N C N R R E S N H A
S I I E I R S E T T J O R L
D N U O R G O A Y H T O R F
K Q C N G Y W M O C H A E F

Cup of Coffee

Y B B O H R E P A P O G E E
T M I S C G N I Y L F U N D
E O E R Y S H O O T I Y E U
F D T E R C O N S T R U C T
A E U T T A I M N E E D A I
S L H E E L N E V N C O P T
K A C M K E M O G G G O S L
Y U A I C Y C I I L N W N A
B N R T O E N O I T C E J E
U C A L R E R D F L I G H T
I H P A S S E M B L Y N H S
L E X P L O S I V E S K G N
D R E M A E R T S U R H T I
D E E P S V C I T S A L P F

Build a Rocket

Z T H Y D R A T I O N X V T
S T N E M E L P P U S T A N
Z I N C A P S U L E S S P A
B R O T H T F O C G U E O L
Y T I V I T I S O P T R R A
R O T C O D L N U P P E I H
B L A N K E T S G E Y I Z N
G P X D E E H O H P L F E I
I E A P A G O A D P A I R G
N F L U I D S K R E C D L A
S T E L B A T W O R U I L R
E T R O F M O C P S E M I G
N L O Z E N G E S Y R U P L
G K U V Y A E C A N I H C E

Cold Remedies

M B O X P C C H E S S D M C
E X E R C I S E Z Z I U Q R
L Y D X D I C E L D D I R I
B R I O N A H T R I V I A B
O T F I G U R E O F U N M B
R E F P I E C E S G N A E A
P M I N D B E N D E R W M G
E O C V X T O J D G I A H E
N E U I E I I D O L Z N M H
C G L S S G I T D E O A B T
I F T U S H P E E N I G M A
L Q L A B Y R I N T H R I M
T L W L R G A M E N T A L C
I P I C T U R E R E B M U N

Puzzles

Y S C O I T E M S P O R T S
X I E L R E T A D P U P H A
M M N G O G F A S H I O N V
T R O D A T A B A S E L L I
T R E D E P H N K K F L Y N
E E E V E X D I I H R T A G
T D L G I L E D N Z E S R S
R R Y Y I L S D M G E O T I
Y O A N T S E S R U O C R Z
L B G G A S T D B Y S Y O E
I N B O W P E R U T C I P S
A E M O H P M O Y P R I C E
M W R D H P R O D U C T V O
J B T S I L T T C I P E D H

Catalogs

A E M O T I O N I T A L E G
N L L A B R N E R D L I H C
I A D S S E R T T A M V E O
M S A I S U H T N E J E N I
A T M O V E M E N T B L I L
T I B A B I E S Y K N I L S
E C J T S A N M Y G Z N O O
D E B U N N Y G R E N E P C
N I N F L A T A B L E S M C
U T E K R A M K C O T S A E
O G O P C U R L Y H A I R R
B S P R I N G N I S I R T I
E Z V F L I P U T T Y B D T
R A F T O Y S X J U M P O H

Bouncy

K R O W U S E F U L P G G D
H S W E R C S S L I A N E R
A E P R O J E C T S I I M I
M R S B O J D D O L N B O L
M V K R F T L G E A T M H L
E I A I I I C D G C I U E L
R C E N U A O A O I N L L A
O E L B B M P N R R G P P W
I L I C E N S E D T O W F Y
R O I R E T X E R C N O U R
E C G B R H O U S E H O L D
T E A U P S K I L L E D C F
N M C L H C A R P E N T R Y
I T O O L B O X F I X I N G

Hire Some Help

N W O T E K C I T Y F O L K
J S C H I L D R E N J E S F
S U D O O F A M I L Y U T E
U C B L H A R V E S T C S A
M R K I D A N C I N G E E S
M I I D L W I N E N M B T T
E C P A G E A N T U R R N R
R O G Y F I E S T A R A O E
T U B S P O N S O R S B C E
S N V E N D O R S H M C D T
W T E A E C U L T U R A L J
O Y R V A R F O S P R I N G
H T C K E U O I G A M E S X
S P E N N B C U P F I L M M

Festivals

Y M A E R C G N I D D U P G
A B R O W N I E S B U B A N
M M E A T B A L L S M A T I
S F G S H C H I L I P C S F
N R R T A A M E A T L O A F
O I U R N N M F R S I N P U
O E B A K E D B E A N S D T
D S E K A C G W U O G E E S
L A S A G N A L I R S U S E
E S E I K O O C U C G L S L
S G E L A T I N L D H E E F
O T H I S O O T H I N G R F
D P C S P A G H E T T I T A
A E T B R E A D S L L O R W

Comfort Food

Y J I T T E R S U O V R E N
F U N A F F E C T I O N F F
G G I J A W K W A R D O L Y
N N G T S E R E T N I I O H
I I H N F L U T T E R S W S
H N T D I N N E R T T S E N
G R B L I N D D A T E E R O
U A D A N C E T C E N R S I
A E I V O M I V T E S P I T
L L E B R O O D I M I M L S
Y N E W N E S S O L O I L E
H O E B E G I N N I N G Y U
U E C S U O V Z E D N E R Q
G N I L W O B D E T I C X E

First Date

A J D L O O H C S D U O L C
U H U N T I N G H I X V B R
T S R O I B R A N C H E S I
U O P E R W T T I K J R R S
M F R O D S J H K C T C O P
N I W A R I A E P A S A L X
F N T F N C C R M T E S O J
E I R T O G K I U S V T C H
A E E O E O E N P Y R O O S
S Z G L C N T G X A A O A A
T I N L D S S B K H H B T U
R A A I E S W E A T E R S Q
A M H H D R U O G L O V E S
W H C C Q S E V A E L P P A

Fall

E D A H S T O N E X A L E R
A R B O R E W O L F E D C Y
L T W E E S T E P U I G N T
W L E D H J N E D R A G E R
K C I R B N I A T N U O F A
D L U R R E L K N I R P S P
S B D O G A H K B T X E E T
S O I T A P C A J U O Y M A
A O R R I E R E I R B A A B
R B I R D H O U S E D W G L
G E A O I B P L A Y N K A E
Z Z H O S E A S O N A L T K
O A C E D I S T U O S A E A
S G K C O M M A H L P W U R

Backyard

F O R M U L A T L O T I O N
M D R E S S E R E I R R A C
C E G N I D D E B K U C E G
R L B I B F B R H X N H B T
E T S Y O T I O O P M A H S
A T A E S R A C D C B N L L
M O C R A D L E A Y K G R B
A B D I A P E R S P W E A C
T A M Y A L P E K H L A R M
T E N I S S A B C L T I S S
R E L B A T L I O Y B A B H
E B O U N C E R S K O O B O
S H M O N I T O R A T T L E
S T E E H S E H T O L C W S

Baby Products

H O S P I T A L N I A R B U
C Y Y G O L O H C Y S P E G
R R T M N I L L N E S S H U
A V E N E I H U M A N Y A I
E S C P E M L H C U O C V L
S N I I R M O E P L E H I T
E O F S D E P R E S S I O N
R I F Z Y E S O I F X A R E
D T O E D L A S L E F T O M
R O F A N T A S I E S R T T
E M P A T I E N T O V Y C A
A E A U S T R I A N N E O E
M I N D C H I L D H O O D R
S T U D Y P R O B L E M S T

Psychiatric Therapy

S E I R R E B W A R T S U S
A L M I L K F Y O G U R T E
U B L U E B E R R I E S S G
S J O O A Q A T U T M E T D
A S X P R N U A C I E G I I
G E P H G N K I N H T G U R
E L E E F F O C C A U S C R
E F N O C A B M A H N P S O
B F R I T T A T A T E A I P
A A E M S E K A C N A P B A
G W E C R O I S S A N T I S
E A J C I S M O O T H I E T
L N I F F U M L A E R E C R
N J E L L Y J A M G R A V Y

Breakfast Food

B U S I N E S S E N I G N E
P G N I D L I U B S P E E D
O S M N E M P L O Y M E N T
L E W D T L A B O R C E B B
L N A U A U E Q S A V M S I
U I R S M M Y C L I H E T C
T H E T O B L I T T C C N O
I C H R T E B O G R M H E M
O A O Y U R M N U E O A M M
N M U F A O E O K G D N P E
O D S T T R S I C N E I I R
R U E U T E S N U A R C U C
I O A S R F A U R D N A Q E
G L O V E S D E T A I L E D

Industrial

H N P A I N K S E I T I C M
T Y O F U D N A L S I K S A
R R P R Y S B C N E B E C I
A T U I T S T I U V S I G N
E N L C X H A R G S T A E L
B U A A T T A E A C F N O A
O O T F N S O M R L S S L N
U C I U I G D A E A I N O D
N R O A R N T H L R S A G I
D M N A A N S T O G I E I V
A I P L A O A U J E N C C I
R H S R E D R O B O D O A D
Y F D S N O I S I V I D L E
E B O L G R E E N L A N D D

Global Geography

T S U E J D R O P S H O T G
J A R Y U R R O D L A V E R
S N E E S T A N S M I T H E
O D K L T R U O C K C A B B
R R C L I S E G D U B N O D
R E E A N T J F A U L T H E
A A B N E D L I T L L I B N
G G S L H B A L L B O Y W A
D A I Y E L L O V C Q I T F
N S R O N N O C Y M M I J E
A S O M I D C O U R T I B T
L I B E N I L E S A B J K S
O M I C H A E L C H A N G S
R E R E D E F R E G O R A H

Tennis Player

J X Q P Y T I R O J A M F E
O T A R C O M E D P U O R G
P O W E R E V O L U T I O N
U T N S Y T I R O H T U A A
S N O I S I C E D N E I M H
N A I D H O U S E T C I C C
O T T E T N E M A I L R A P
I I P N L X N R T I L C M L
T O U T A R O I T A A E P A
C N R T E P L A W D R T A T
E A R V R O R S E W E A I F
L L O O P Y X M G K D T G O
E G C A N D I D A T E S N R
E V I T U C E X E K F M S M

Political Life

S L G E S N G I S E D Q L P
K A E R N E G N T E V R A C
E Y V N R E A L I S M D R I
T E T N E I C N A T O A U A
C R A D A R A S R Y N V M S
H S P R B C V C T L E I E O
P W A A E A U U R E T N A M
R F E W R P R T O Y O C S P
E R U I Y T M O P L L I E L
L A T N A T I E Q A R I L A
I M A G E S U S T U N U C U
E E T F O R M A T S E E W S
F T S A C V M U E S U M L I
W A R H O L F E L B R A M V

Art History

S S L E N N A H C P B S C A
G K F A M I L Y G U Y E O W
N E R O D I G I T A L I L A
I L A O X A T H G S T V O R
T B N C W S N E A M I O R D
A A A B A T N T M R U M O S
R C L A C R E O E I P S V M
R N O X S L T N S N R O I O
E N G M L B M O H P N P V C
A U D I E N C E O N M A R T
L V T M E D I A W N P I U I
I E R P F R I E N D S S S S
T O B H D A T E L I N E E C
Y D L E F N I E S A M A R D

On the Tube

E N I H C A M R E P P I Z L
L N I B B O B M O C R N G N
B D O U M Q E L T H E T R O
M M F T Q H Y I E A T E E T
I P A T T E R N M L T R P T
H O S T S U N E P K U F P O
T O T T E E B N L S C A I C
O H E S L R O C A U Y C R I
L R N D C T I E T M R I M R
C I E W I T M A E D A N A B
P E R O S E S I L K T G E A
N S N A P S C I S S O R S F
G S L A K C I T S D R A Y G
J E T L E F N O B B I R O N

Sewing Supplies

Loud Music

Casinos

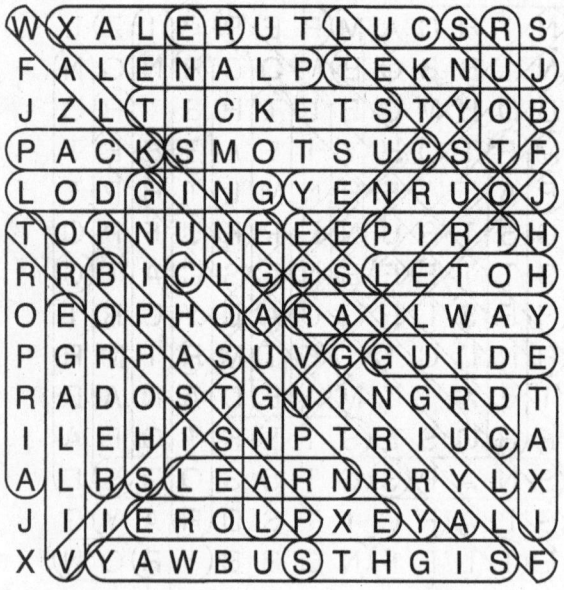

Travel Abroad

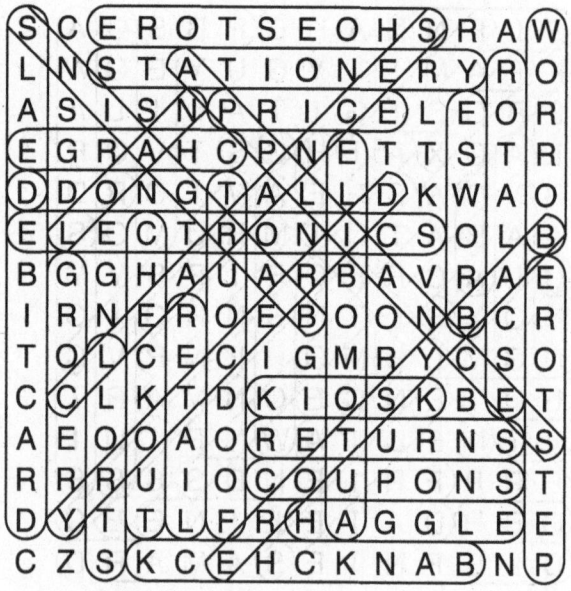

Going Shopping

Geological Study

Happy Anniversary

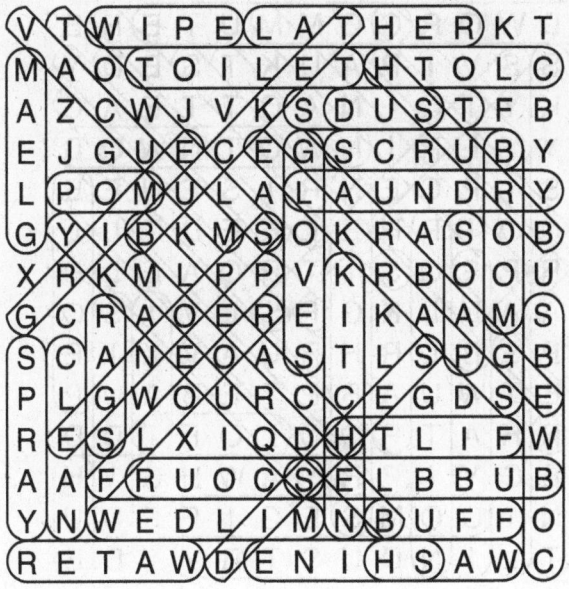

Housecleaning

Fashion Design

W X C R A I L W A Y S T N G
D X O A S T A T I O N I Q C
I R A C L I A R S E A T S O
E M L G E S R A C R M E Y N
S O D N E N I L T P L V E D
E N V I W A G R C A L I X U
L O K N S R E I E S U T P C
E R A I L T R A N S P O R T
C A R D U D A L N E U M E O
T I T M H I K N O N B O S R
R L M T O P E D C G L C S T
I O A T R A V E L E I O L E
C S D A O R L I A R C L N M
S T E A M G N I S S O R C G

Travel by Train

V S H E E T M U S I C I A N
S C V I N S T R U M E N T S
O I A C O U S T I C S Z X S
U N F E C N A M R O F R E P
N O A O G N I Y A L P T I C
D M R R U B A N V Z O T O E
I R T E L R O S I N C N E L
F A S L L S S E D H C B G L
F H E D O M S T A E C A D O
I B H D R A O B R E G N I F
C O C I C L L T T I T D R N
U W R F S L O R S Y N O B E
L U O T U N I N G P E G S C
T E T R A U Q G N I R T S K

Play the Violin

E J K H U P L I F T E D E G
L U F H T R I M E R R Y L T
G I D E T H G I L E D A K N
G L G N I M A E B X D G C A
I U C H E E R Y F H E S U Y
G F E N T E R T A I N A H O
R E G N I H G U A L D T C U
D E Y O J R E V O A E I J B
E L P Y T N U A J R T S O J
S G Y P P A H Y R A A F V O
A J U B I L A N T T L I I Y
E N I R G H A S J E E E A O
L F R O L I C Y S D Z D L U
P D A N C E U P H O R I C S

Gleeful

S D W O R C O M M U T E R B
R S S V I P A U K T S E D Y
I K Y T O I N A O T T E A C
A Y Y L R I N W O T N W O D
T S I P C E N R I S E N E E
S C O I P H E L E E D T L L
E R P S O S I T R O A E L P
T A A U L K G F S L V I S O
L P S B L R H R U A V X T E
E E T W U A B P T E B A U P
S R H A T P O O L O F T D D
I E G Y I P R Y A W H G I H
O N I G O M S E C I F F O U
N T L I N D U S T R Y Y D B

Urban Living

U S C U L P T U R E D N O W
S R I N E V U O S A V N A C
S U R E F P I R T D L E I F
R A R T X N O S T A L G I A
E S K E T C H E N S S A P K
V O R C W W A O R Y E I K N
O N O N T F I V R U H U G O
C I T E H T S E A S T N G W
S D A I A A L S R T I A L L
I Z R C O L L E C T I O N E
D N U S A E B L N R U O T D
W D C G D M C I L E R A N G
E G B O E X A M I N I N G E
M U M M Y P A M P H L E T E

Museum Visit

S Y R A L L I H E I G H T S
K S A F E T Y D L E V A R T
I T E V E R E S T I B E T E
I I C E A X E N O N I R X E
N M A T H L E T I C E E P P
G M I Z A C R S A H R C A E
H U R P S A N L T C U L S B
I S E E I O G A I E T V A A
K N D N P N E S L I N S G P
I B I M I W E B T A E T E E
N N A P C D O U E C V D A A
G R M O I O D N A L D A R K
C A L U T E K M S C A V E S
C D G S A L P I N E G Y X O

Mountain Climbing

O T I R I T S L V D A E R B
K V W V Y E A S T Z W Z O O
H R E V D B P E S N E A L W
R U E N G O E U B D K L L L
V O E R O R G L D G A G E H
V L H N U A G E P I C E R F
B F A A R S S N I F F U M F
Y N D Y M A A B R O W N Y T
C O O L E W C E T S A B J B
S E Z R T R D K M I H U A W
X S G S P W I A T A M A H A
G I U T O A F N E L E E P T
T R M P I H W A G N A R R E
C U P Y V Q Z P L T K S C R

Baking

T I U S T E A M W O R K D C
C L E E H W G I B F E P A Y
E O O T X B U S Y I Y R E E
R T A R A E E V T R O O V E
I N G C T R C T N I L J A S
D E Y N H N O U A N P E L R
F G M Y I H O P T G M C U E
O A U O L T E C R I E T A V
R E E I N D E L O O V L T O
E B S U D I N E P I C E E D
M O T I V A T E M F Y T U D
A S Q Y A S N O I T U L O S
N S R E E R A C R R P L A N
U O R G A N I Z E T F I H S

Managers at Work

Y S I A D I H C R O L N P S
B O U Q U E T U L I P S U L
D E K C I P C T D A S I R L
N G G S B L O O M I N G C E
W R E A T H F A R V B O H M
M W H R N F R I F A R Y A S
A B Y F A Y I L N S T R S L
I L A D L N O G A E I E E I
N O C L P R I G B G Y V S L
U S I R I S E U O G P I O I
T S N S E V O L M Q R L R E
E O T D Q T D F L O W E R S
P M H B O W S G N I D D E W
S L A T E P G A R L A N D N

Flower Shop

B Y T R A D E L J E R S E Y
W A H O U N D T S I T R A N
R H N S T A R H O C K E Y E
I B P D H T E K C I T Y B P
T O K A O C B A S E B A L L
E O F O R G E R Y L S L T E
U K F J O G H L H K A P A T
L L A B T O O F E A S C T T
A N M F C L B T R B T O H E
V A O W E F B B O O R S L R
I M U B L A Y B R H O I E S
N E S L L I B Y A L P G T B
K U F L O U R I S H S N E Y
M U S I C I A N O I T C U A

Autographs

E C I R P C P B G Y T G T L
O L L E S A A R T W O R K A
F I C L E R K I O I L D S N
F S D L G D R C N X E T A D
E T N A W A A G J A Y N L I
R I I C H T N E L I S E E B
E N L C T W W S S J E G V U
U G B L S E U Q I T N A A Y
L E E M L P A I N T I N G G
A S S R U T N E M Y A P B O
V U Y T C I S U L P R U S O
S O L D A B D E Z I E S K D
I H P L A T F O R M V R G S
M O N U M B E R P S M E T I

Auctions

B R I D G E D I R O U L F T
J E U Q A L P L S R A L O M
A S E R U T N E D R O N G S
W D E C A Y B G O S G N E R
S A L I V A R G S U I V V I
S I N K T I N I E W O T R A
E R S G N I N A E L C S E H
A N O D H G V H G O A I N C
G L I S B Q C A R O L T A R
D N U L I R F F C S C N M O
G R I K M C A C H E I E E W
B T I T R U N C O N U D L N
F I L L I N G I E S M I L E
E X A M L B S S E S N I R M

At the Dentist

T H I P D M E T A L E L I F
P M O W O R K B U F M R U G
E D T E O W B F I S D U D E
G R D R W R E N C H P L S U
W I N C U S K R N L C E G F
O L A S U R E M M A H R A D
B L H A X E N L B T I E W R
W E A N V I L E E N S N X A
A W L D R L R K D S E A T K
L O B T V P C E I R L L A E
E R A B W O R C T R A P S W
V T N L S E K A M T O G K A
E W D A B L A D E B U N R A
L A T H E F P D E V I C E T

Tool

K R E S E A R C H T R A E G
H O C Y G O L O N H C E T A
E R R E S E N A P A J C F L
G B E C Z T A O L F O P A A
S I W P O S U N O O M R R X
S T F N A S G A P J A O C Y
E X P E R I M E N T S J E T
L A U N C H R O B O U E C I
T N O I T A T S N O R C A L
H Y R O T A R O B A L T P I
G E V I S N E P X E U G S C
I G O V E R N M E N T T V A
E N A S A T E L L I T E S F
W R U S S I A N S T U D Y X

The International Space Station

O R Y I B Q R C R O W D X T
C H X S U O I E H E T B T H
S Y B G P S T S C I L F M M
I T U U U H T T G N A A I T
D H L M G O F A L R U X X Z
N M C U O N R J D E E O N D
A G A L D N I S R R S B B Y
B L S T I A E C I G E E O P
E O T S I L N T N L T K O O
E U H A G P D N K A A U T G
R D G N B N S E S S D J H Q
U L I Q U O R V J S O Q G I
S S L F Y G R E N E O N I N
U F E T A L I N E S F V N T

Bar Scene

E C N E I N E V N O C S P H
N S I O R O D N E V P O A E
I S E G I Y A L P S I D P A
Z A L R A T H E H E R A L D
A L Y G I R A S C F P B L L
G E D O L A E M I E O B A I
A S N S E L L T R O C U C N
M A A S C R Y S T O I S I E
L H C I D L T H F E F I D G
O C T P I H S F C X S N O A
C R P A S S E R S B Y E I Z
A U D A X E F L L A T S R E
L P C S E M I T E H T S E B
S W E N P O L I T I C S P O

Newsstand

S O L O A R T I E S H A W T
J N A E R O C K C I H C W O
D O U B L E T I M E T E R M
A S H O W U G R O O V E L M
L K O N D J U M P O B E B Y
L C U K C E B U R B E V A D
A A G N U O Y R E T S E L O
B J E K R A L C Y N N E K R
O T C H O R D T U N E S T S
O L N C I N O M R A H V A E
G I E C O U N T B A S I E Y
I M D B I L L E V A N S B J
E N A M D O O G Y N N E B F
A A C J Z M U R D F F I R W

Listen to Jazz

L A G O O N C B T S A N D B
T A N S E O N A C S H A R K
Y D R U C O E J O C E A N W
A I S O F H E P A C S E E R
W M N T C P Q E X K I A E E
A U O I V Y B L N A T T D G
T H R U C T O I T H R O N G
E W K Q L T R I E E L P A A
G A E S I D A R A P A I L E
H V L O M M N T H P N U S M
S E N M A G A I A I H T I R
I S A L T Y N Y K F O O D A
F L O W E R A I V R E T A W
V S Z V A U B Q M R E E F M

Tropical

P D H C R A E S E R U T A M
U O N E P D A C A D E M I A
B C I R U E S L A N R U O J
L T G T N T S C H O O L E D
I O K I I A E N I L T U O T
S R N F V I A W A R D C G I
H A O I E C N S D L E I F N
Y M W C R O S S E F O R P F
R O L A S S M A R T A R D O
A L E T I S Y D U T S U E R
R P D E T A V I T L U C G M
B I G L Y E G E L L O C R E
I D E V O T E D U C A T E D
L I T E R A T E C N R A E L

Scholars

Y E A I Z J Q W M C H B S Q
Y W N R I N G O N Y T R I D
L H T H D R Y A T N I O P F
D X S H A K E V A W C B A D
F U D B U L Y L C S K I N S
P M N Q C M H C T U L C S H
D G O S H S B R H N E G G O
L L I C D E O T S H E V R L
E J T Y K N I P A T I G I D
H A O N G O A I W O L O P F
C S L I T B R H I O C K M X
U E P W N S E Z V M L L U P
O A M I T T I E V S L I A N
T F O S B R S F Z W S L A P

Hands

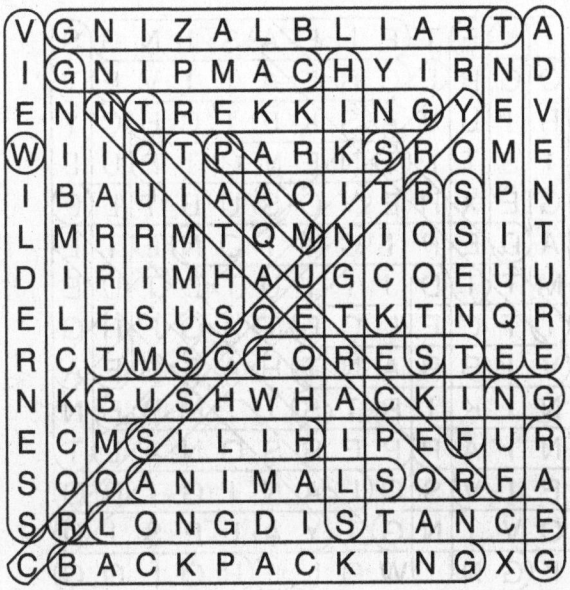

Explore Outdoors

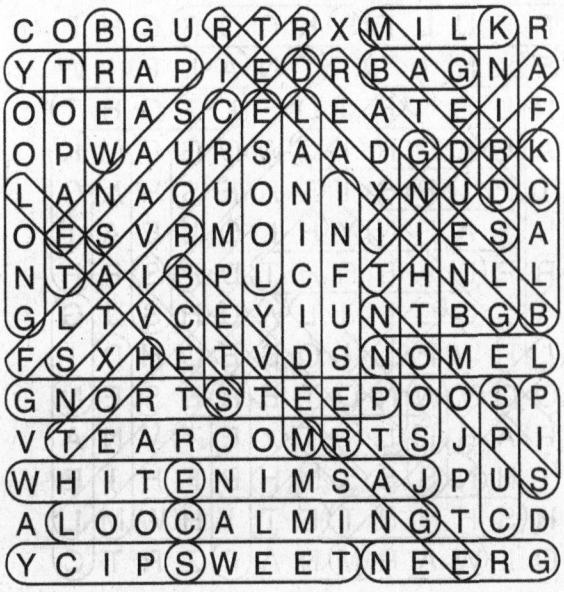

Cup of Tea

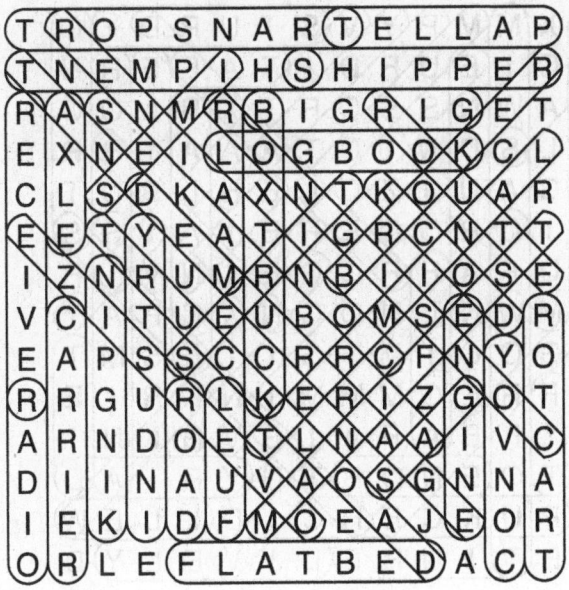

Trucker

On the Radio

Y F F U L F S K C O S C H F
R E K N I T T T N A L P I W
O N L Z N F J O F L I G H T
T A F A B R I C W O G D M K
S T P I B S I E R E S R N C
I U Y A R N Y H L O L E A I
H R P D A E R H T D P S P P
L A C G C L J L W U H S J G
L L R W P L I O B E O H D I
I O O V W N O T E R E S E N
M R A B E L I T X E T V N A
G I H N S S S M H B F H I E
R H S H I R T E T I H W M L
N O L W A R M R A F Z R T C

Made of Cotton

F I N E T P L E A S I N G S
D O G R L C R E A T I V E T
Y R I U V A S K E T C H C Y
N I S T L T N E M G I P U L
A G E X H E Y O S U B T L E
M A D E P I C T I O N E T L
I M T T D J I I U T D T U E
C I T C E L C E T A O F R G
C V I B R A N T H A E M E A
G N I K I R T S I T M B E N
T N I A P P E R S O N A L T
W E I V S Q L A N I G I R O
M O V I N G T Y A L P S I D
S F G N I W O L F R O L O C

Artistic

A S T P I E C E R D N E P S
Y E N A K X E D T O L L A L
E L A Y S P C U E I F Z A O
N A R M A E E O N F D T R A
O S G E S N C R U E I E V N
M E A N S S A N S P V C R S
D R M T E E D L A O O E I C
N E A S T S U C Y N N N R T
O S N O N X E R C S I A S T
B E A C U M R A B W I F L I
I R G R O A S W L A C S I F
L V I C C H E C K I N G U O
L E N E C N A L A B F K V R
S I G L A R E D E F N A L P

Budgets

R X M M P Y V S T U R D Y G
E C I E U R D I T A E E R N
S A W N S S O R T X B L O O
T L S D W I C T A A A I B R
E C A U J Z C L E H L R U T
D I C R O O E R E I A I S S
M U F A E R G G E I N V T R
Y M W N L N O G N X C R A Y
I G O C I M I G I I E S M T
M F R E G M M M I N K R I E
M I K E A F A I G V G L N I
U T O E N O B T N Y R I A D
N P U K C E H C I D L L E W
E B T I U R F L I V E L Y D

Healthy

C H L Y N N U S M I W S E E
E I S X Z W M F D H C A E B
N U N R S A A S P N J I B T
J Y C C E M L L T I E L S A
O I A E I W O N K N D I I N
Y M H L B P O O L I A N R U
P O Y M G R I L L I N G F F
T R I P S N A D F B O G V B
S E L C Y C I B Q H M R G S
K U A X T A E H C U E E A W
R D M E A D O W S M L L R E
A R Y M L A B L C I C A D A
P X V L E V A R T D F X E T
E K I H G R A S S G U B N Y

Summertime

E M M O N R A L U L L E C T
N N J R E S E A R C H V E A
E I Z G Y M O T A N A O R X
R E F A N U C L E U S L U O
G T U N V I S S X B I U T N
Y O N I C L G C P F E T C O
D R C S A Y L I E A T I U M
U P T M L A B O R A T O R Y
T D I S S E C T I O N N T D
S N O S I E H U M A N M S U
A D N A U M O L E C U L E S
S C I T E N E G N I W R A D
Y T I D E R E H T W O R G N
T Y N A T O B A C T E R I A

Basic Biology

S L X S T N A I R A V R A B
N U S S N R U T D C R S Y N
W C R E N N I W H I T E G C
A K C A L B E A R O F F E I
P O G A M B L I N G J O T S
A P R O L L A E N G L Y A S
N P G T E D S T E D L B R A
C O U N T E R S R I I E T L
I N G E C P A A M R K A S C
E E D M I C C A U C S V T H
N N I E P C F L E G T E A I
T T C V O U E H H Q H R K P
I E E O N S C I T C A T E S
S F N M S P I P O I N T S D

Playing Backgammon

F T S T C B Y M E E T I N G
R U O H R E O T R U G O Y G
F Y I E K H U R R Y L M A S
E P L R T S A F C P L B Z I
S A U M P N O E C I U J Z M
X T T O D O O F C I N C I P
T I O S R E K C A R C P P L
K N M S A N D W I C H T A E
U C P P I T R A K O B A N N
F U I V I E I T L F O S M I
C O E U C C N E I F X O S D
M S R E Q Z K R M E N U O Z
R F S K Q T S L F E P P D Q
B S M R R U S H E D A L A S

Lunchtime

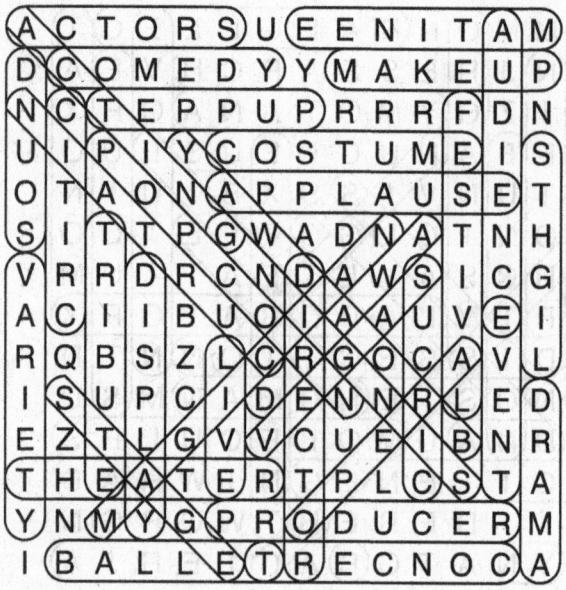

Shows

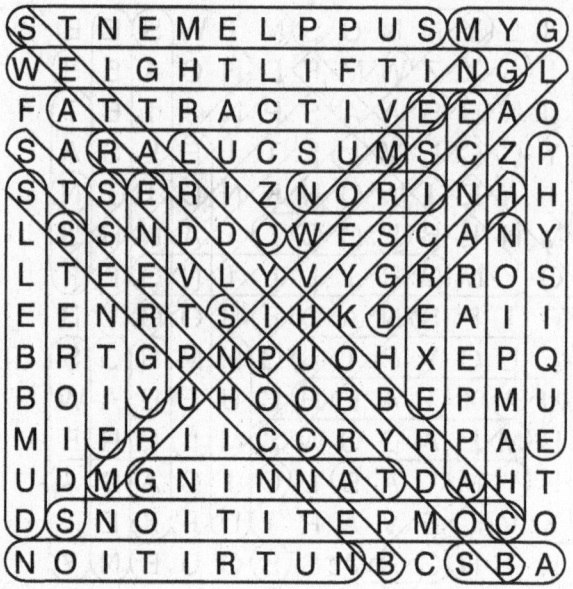

Bodybuilder

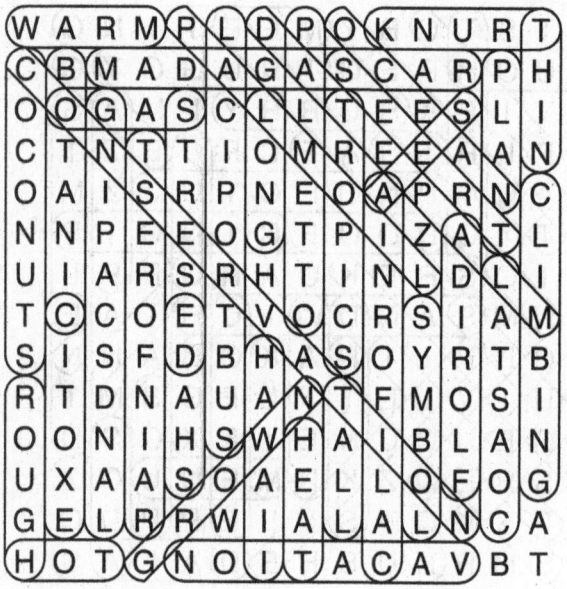

Palm Tree

Rock Star

S	U	P	P	O	R	T	H	U	S	B	A	N	D
T	G	S	I	B	L	I	N	G	S	G	E	U	O
N	R	P	I	H	S	D	N	E	I	R	F	F	O
U	A	I	R	C	S	O	S	H	D	A	I	K	L
A	N	H	A	L	S	N	N	L	L	N	W	Z	B
G	D	S	E	O	E	F	I	L	A	D	Y	D	U
E	F	N	L	S	L	H	S	K	C	P	R	A	E
N	A	O	C	E	C	E	U	L	I	A	O	U	G
E	T	I	U	D	N	C	O	A	G	R	T	G	A
A	H	T	N	F	U	E	C	H	O	E	S	H	I
L	E	A	T	G	N	I	V	O	L	N	I	T	R
O	R	L	G	R	A	N	D	M	O	T	H	E	R
G	D	E	D	N	E	T	X	E	I	S	M	R	A
Y	B	R	O	T	H	E	R	H	B	O	N	D	M

Family

S	B	E	P	G	N	I	M	A	E	R	D	V	O
T	E	N	A	R	C	O	L	E	P	S	Y	M	C
E	D	I	S	L	E	E	P	A	P	N	E	A	O
K	R	C	H	C	A	S	U	Q	U	I	E	T	M
N	O	I	T	A	N	R	E	B	I	H	W	T	F
A	O	D	W	L	I	U	M	M	P	R	X	R	O
L	M	E	O	I	G	O	H	C	I	K	E	E	R
B	L	M	R	G	H	H	E	A	L	T	H	S	T
R	N	I	G	H	T	T	I	M	E	O	D	S	T
A	R	R	T	T	M	H	R	E	V	O	C	E	W
I	W	D	O	S	A	G	S	T	O	R	Y	K	B
N	C	R	I	B	R	I	N	S	O	M	N	I	A
K	L	A	W	P	E	E	L	S	M	E	R	K	B
N	Y	R	A	S	S	E	C	E	N	E	R	G	Y

Sleep

C	O	M	P	E	T	I	T	I	O	N	I	P	S	
N	O	I	T	R	E	X	E	S	L	O	W	H	P	
R	P	A	N	K	L	A	W	E	D	I	S	E	A	
E	M	R	S	B	L	A	D	E	S	T	L	L	R	
N	U	G	L	T	A	E	C	A	P	A	L	M	T	
T	J	L	E	S	I	C	R	E	X	E	I	E	Y	
A	C	I	A	I	D	N	K	Y	S	R	H	T	H	
L	I	D	T	S	A	A	G	W	F	C	N	B	I	
W	S	I	H	S	N	L	P	A	A	E	W	R	N	
F	U	N	E	A	C	A	E	E	M	R	O	U	L	
A	M	G	R	H	E	B	B	E	E	E	D	I	I	
S	T	A	N	C	E	N	V	M	H	N	S	S	N	
T	O	U	T	D	O	O	R	S	K	W	K	E	E	
S	T	O	O	B	M	F	R	I	E	N	D	S	R	

Roller Skate

K	G	S	D	R	I	B	S	M	R	O	T	S	P	
T	R	E	A	E	G	R	E	M	E	S	I	R	I	
S	E	F	F	F	E	S	Y	S	H	M	G	S	L	
P	E	I	F	W	A	T	K	T	G	E	A	E	U	
L	N	L	O	N	I	C	N	M	N	L	R	A	T	
A	G	H	D	V	U	I	D	O	I	T	D	S	X	
N	S	A	I	D	C	Z	M	O	R	G	E	O	T	
T	L	T	L	A	U	N	F	L	P	N	N	N	H	
S	C	C	Y	O	H	P	L	B	S	I	E	I	G	
A	G	H	N	P	S	T	O	Q	U	T	W	B	I	
L	R	I	A	D	W	H	W	Q	C	S	N	O	L	
L	A	N	R	E	V	A	E	O	O	E	E	R	D	
R	S	G	O	R	F	W	R	S	R	N	S	E	U	
Y	S	T	U	O	R	P	S	M	C	G	S	I	B	

Spring Is in the Air

T H R E A D J A P A N Y S N
E S T C E S N I E T O R P I
X T K P L S M L S C W U I T
T P E I N O A I R O E X D A
U Z A S R F T G E C A U E S
R F P N E T E H B O V L R H
E A B Y T N R T I O I A T T
M B L S T S I F F N N R I O
M R O U A I A H G S G V E O
I I U I P S L E C F S A S M
H C S T H O R A S T E E H S
S A E I O I P A U S C A R F
E B O R E D A R T Q D Y E D
O N O M I K G N O R T S F O

Made of Silk

S H T O O M S T E K C I T H
L V O B R U T X R E W O P T
E D A Y F E H C S R O P M O
E E S L M A C H I N E C A R
K E N T U P S C A L E E C Q
J P O S Q A R T S D F L L U
A S T O Q A B R A R E T U E
G M S C L S A L G I R T T K
U O I U E E T T E V R O C C
A T P K G N N M H E A R H I
R O A D W A Y G I R R H E U
P R I C E Y A G I L I T Y Q
B R I D E L B M I N E L O L
S H I F T I N T A K E S L X

Fast Cars

T R A H C B W T I H C Z F B
S E L R O O L F G A I N S Q
A P K O D N F U T U R E S B
L T A R S D N U F E C I R P
E S E Y A S R E D I S N I X
C E U C O M P A N Y G N S B
I V L R E U R U L O C E H U
V N A R T T T A O O C U A Y
D I V I D E N D M T A P R I
A N O S O A W E O R L T E E
S D L K N I G R A M L R S L
E E U S L E V E R A G E G D
L X M L S I B T I M I N G Y
L Y E N O M E T O U Q D N G

Stockbroker

F C A M P D J C U L T U R E
S L H H Z O U I S I M L O B
T O E I C O N T D J H A T O
U T L D L H I E I V D U N Y
D H I A G D O G K O D G E S
Y I N L I L R R L D E H M T
I N E L R I I E E I P I F U
N G V O L H S N N S E N E B
G R U W S C S E G C N G A B
N O J A E P S N K O D B R O
U U G N I P O L E V E D L R
O P T C I N N O C E N C E N
Y D R E A M E R S R T O S C
E G A R E D N U F Y B U S Y

Youth

E	G	A	M	I	P	H	Y	S	I	C	S	S	B
V	S	S	B	T	E	C	H	N	O	L	O	G	Y
R	E	T	C	P	R	O	P	E	R	T	I	E	S
E	P	N	O	I	T	C	A	R	F	F	I	D	S
N	O	E	U	Y	T	S	R	O	R	R	I	M	E
O	C	M	S	I	R	P	G	L	A	S	E	R	S
I	S	U	M	I	C	R	O	S	C	O	P	E	S
S	E	R	S	P	E	C	T	R	U	M	D	T	A
U	L	T	R	A	V	I	O	L	E	T	E	T	L
L	E	S	U	C	O	F	H	V	E	B	A	A	G
L	T	N	V	M	P	U	P	I	L	N	I	M	E
I	M	I	C	R	O	W	A	V	E	S	S	F	Y
Z	R	S	E	V	A	W	O	I	D	A	R	E	E
S	Y	A	R	E	F	L	E	C	T	I	O	N	S

Optical

F	B	R	O	O	K	D	F	C	N	R	O	C	A
E	S	H	E	E	P	N	I	A	R	G	U	Q	S
N	R	I	T	W	M	D	E	D	A	I	R	Y	G
C	A	U	M	R	O	D	L	R	B	B	L	N	I
E	N	T	T	P	E	L	D	T	L	E	W	R	P
Y	C	A	O	A	L	E	S	I	M	O	S	T	V
S	H	C	V	K	N	E	S	O	T	U	E	R	F
P	R	J	E	Y	V	S	N	A	K	E	S	A	P
O	O	H	R	R	F	A	E	G	A	E	R	C	A
R	D	U	A	U	D	H	K	R	T	M	O	T	S
C	E	H	L	E	W	H	C	R	O	P	H	O	T
D	O	G	L	T	A	N	I	M	A	L	S	R	U
B	U	G	S	V	R	D	H	N	L	A	R	U	R
T	F	A	M	I	L	Y	C	O	W	S	B	X	E

Country Life

N	T	S	I	G	O	L	O	I	B	X	A	S	X
S	N	C	R	A	T	H	L	E	T	E	R	S	O
U	E	A	E	S	T	R	E	P	O	R	T	E	R
R	D	S	K	T	S	S	O	G	Y	U	I	R	O
G	I	H	A	R	I	C	I	T	D	D	S	T	S
E	S	I	B	O	V	H	B	C	I	U	T	I	S
O	E	E	M	N	I	E	C	A	I	D	J	A	E
N	R	R	U	A	H	F	M	R	N	S	U	W	F
R	P	E	S	U	C	J	X	P	A	K	Y	A	O
O	A	C	I	T	R	K	R	E	L	C	E	H	R
T	C	I	C	H	A	S	E	N	A	T	O	R	P
C	T	F	I	O	H	I	S	T	O	R	I	A	N
O	O	F	A	R	C	I	D	E	M	A	R	A	P
D	R	O	N	A	I	R	A	R	B	I	L	D	H

Occupations

A	C	I	M	H	E	B	C	H	A	I	N	N	S
L	C	L	C	C	L	F	P	L	I	E	R	S	C
A	S	E	I	K	L	U	A	C	E	N	L	N	R
T	L	V	P	L	H	S	M	O	A	V	G	F	E
N	E	O	F	I	E	E	P	B	E	U	E	E	W
E	W	H	C	I	P	S	K	L	E	P	G	L	S
R	O	S	C	K	L	A	I	M	P	R	O	V	E
Y	D	V	E	T	L	T	I	H	I	E	W	R	A
R	E	P	I	L	A	C	E	N	C	M	I	S	L
L	N	K	I	L	W	R	D	R	T	M	R	I	A
R	F	R	A	I	Y	E	W	A	S	A	E	A	N
P	D	W	G	A	R	D	E	N	E	H	C	X	T
T	N	T	U	N	D	J	R	H	C	N	E	R	W
B	O	L	T	O	O	L	S	W	O	O	D	L	T

Hardware Store

S E R V I C E G A R U O C S
R O L A V O L U N T E E R R
H O L I D A Y S N O L N F E
H O N O R M L O P E N L L W
M A Y E I G I D B A O I A O
R Q N H C T M R R B T S G L
O U D G A I A P A Y G T I F
F Y E N C T F R V T N E N H
I T C I E A B I E U I D F I
N R E N J E D D R D L O A S
U E A R C B V E Y C R W N T
S B S U W S E L T T A B T O
L I E O F F I C E R S S R R
O L D M W M I L I T A R Y Y

Memorial Day

I X E F Y C E N H Y A R T O
M R S G T K H W O R K I W P
I E L E N D A E R E N N I D
O F A U T I P H C N U R B I
W I I J T R N N Y K C J N X
Y L C R M L A I R I O N G D
A L E H S L U E D B F R C S
I S P C A R V N Y A F E Y R
S K S B F R E V I L E D O D
B N M W E H M N S F E R O A
L I E S C T W I N E O O B D
P R N N A P K I N A F R G M
H D U B Z B O G W G M V M Z
T L S M I L E X U S D N N K

Waiter

W I K C A I R O Y E N D Y S
O T O R O N T O G A C I H C
C R K G A N O L E C R A B L
S A G N M I A M I T N A E A
O F N I S S O P S G G V D L
M F A J T R E E H H A U I M
T I B I E N P A D R B M O N
B C R E R A I A T L A N T A
O Y U B D P D L I T T L T I
S T R U A V O N R R L H A R
T I B J M N N R E E E E W O
O N A J D I B A T N B C A B
N L U O E S L E S S U R B I
V E N I C E M A D R I D H G

Cities Around the World

F S M S N A G O L S O B O Y
L E C E A S D A B P N A G E
Y R O M S T N I U A L N O N
E U M I E S T G S M I N L O
R T P F D D A E I D N E A M
S C A M P A I G N S E R U P
R I N T E C R A E T H S D R
O P Y N N X R C S S I Y I O
S A L E S B O T S O C O E D
N M G T E U N E V E R A N U
O A Q N P G N I H T O L C C
P I Y O P R I N T E R N E T
S L N C A R S P O S T E R S
J S E L L I N G J I N G L E

Ads Everywhere

T F E E G G O X S S P E U H
K R O C K S W C N H O N O C
M U I Y H A E K D O T U G L
X T Q M T N R V E V S R R U
E D G E I T M Q O E K P A M
H F R C A B E K A L R M S L
T M H M M C A R I N G C S A
A O V I S U A L P E X F B W
P W O S O R C H A R D L U N
J E D T D E S I G N W O R G
R E P O N D R A Y K C W H H
B D T N A L P E B B L E S I
W S E E R T M Y N E D R A G
A V M P C B A G S E H S U B

Landscaping

D E Q U I T Y M O V I N G A
A P P R A I S A L O F F E R
M A R K E T S C L O S I N G
E M O H I L I S T I N G S R
N A O L L E G A G T R O M E
I N S U R A N C E M E N P Y
T E G D U B V R L P D O R U
I C T I T L E O U R N I O B
E O A P C S C R R O E T C R
S B R R T A C B T P L C U O
E T N Q T H A A T E P U R K
X A W I A N R A S R X A E E
A I O S K Y O R O T L A E R
T N E M Y A P C C Y D E E D

Buying a House

T S I W T R A I N I N G B S
E E R F A L L I N G P E U D
D L E E T S U J L A L C G A
I S A F C T U A D A R B N N
V S G N I R P S S I T E I G
I P R T Y E E T C R D J C E
N K A E G T I A I E E U N R
G D V N N C T B T S L M U O
C N I Y I H R O S I I P O U
I U T T L R A R A C O I B S
R O Y E B O P C N R C N R J
B B T F M U E A M E H G I H
A E O A U N Z U Y X P L A Y
F R T S T D E Z G E M A R F

Jump on a Trampoline

S C O M P U T E C N A L A B
M B L K C S N M U L O C U T
R J U A O Y I E L N C R D I
O S S D T O C I A O H E I F
F H T I G I B H U I E D T O
X I U E O E P N R T C I J R
R Q G V S E T A C I K T N P
E Q N U S S P X C D H A A A
G I I W R N A T A D T Y O Y
D P A Y M E N T I A A U L R
E L I F Z P S R E B M U N O
L O S S E X A T L F E E S L
S N R U T E R E C O R D S L
K G R E V E N U E M O C N I

Accountant

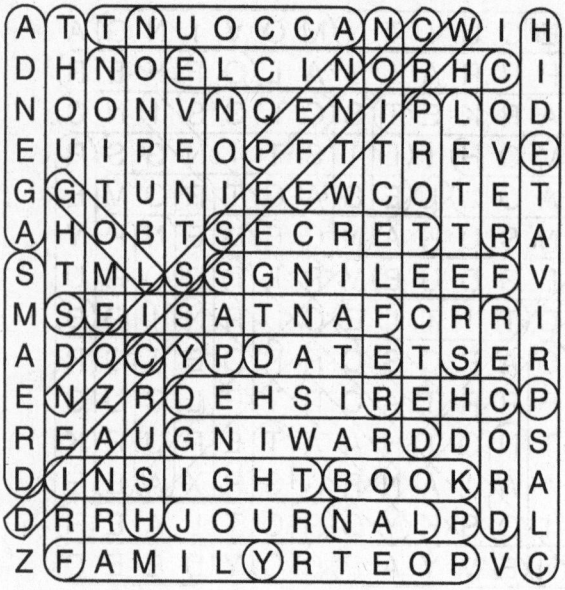

Dear Diary

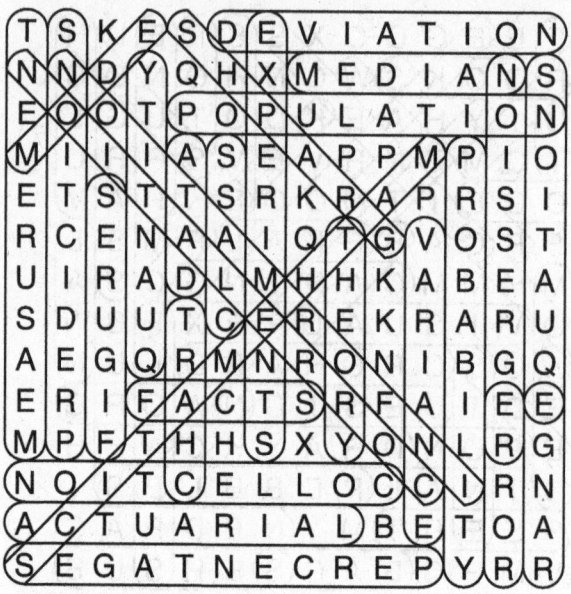

Statistical Analysis

Invitation

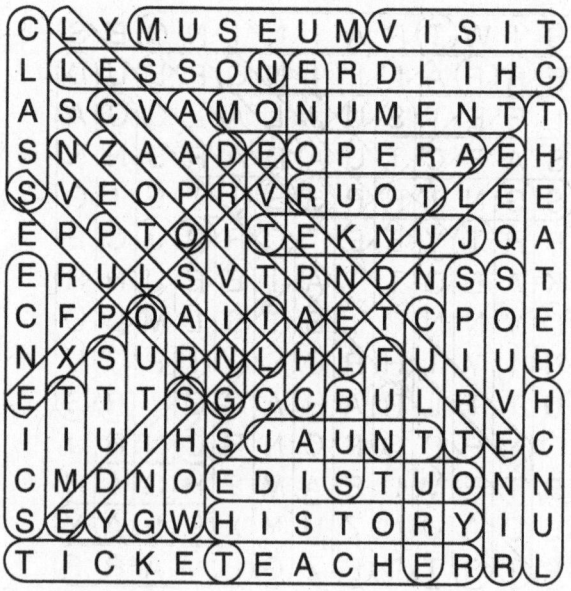

Field Trip

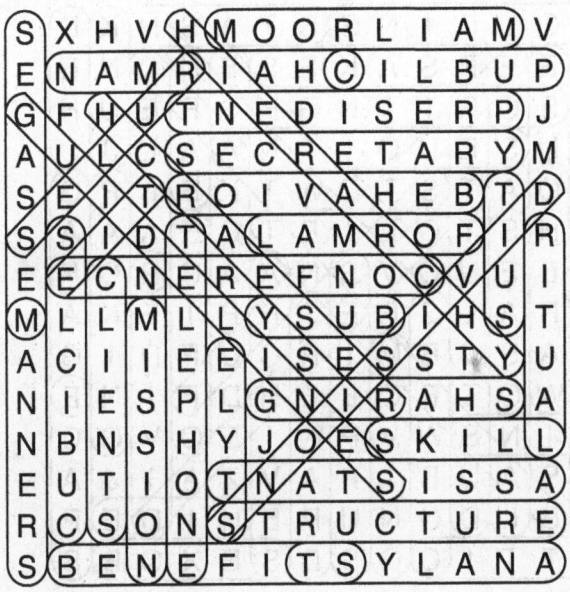

Corporate Culture

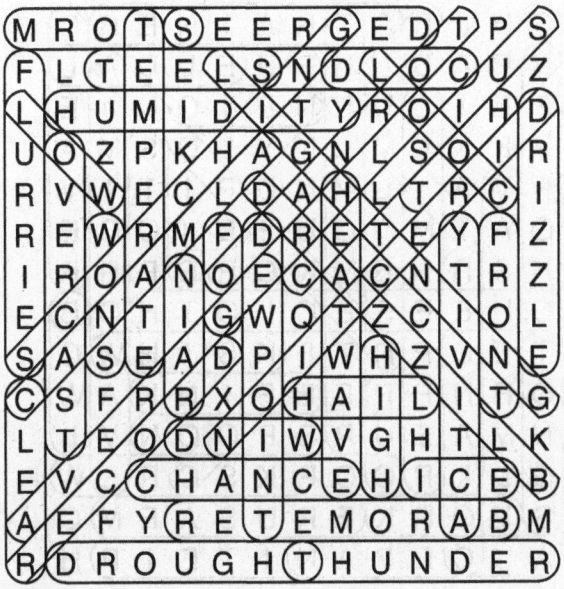

Weather Forecast

Gardener

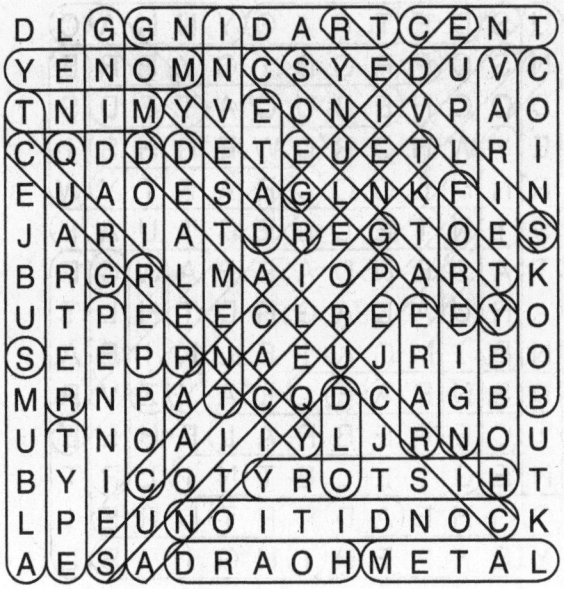

Collecting Coins

F G H J B S T R A I N E R C
R R R A B L H R R E L D A L
Y E E I L U E N E V O N J E
I P K X L M R N Y L O S M A
N P M A I L M N D P I T I V
G O A T M M O U E E X O C E
P H S R R E M N C R R P R R
A C H E E S E C L O T H O B
N T E D P R T F K S I H W O
E O R N P P E E F I N K A W
L N M A E U R S P O O N V L
A G L L P C O R K S C R E W
C S F O R K E R U S A E M C
S A U C E P A N I T E I P H

Kitchen Tools

H O L D I N G S T A S H K D
K E E P S A K E S E N C N E
C S O R T I N G H G R E U H
O U S E U Q I T N A A L J S
L O A T S T O W T K B L P G
D H S T O L I E T C E A A A
A E E U C V S N A A C R C R
P R A L S P E S R P I E K A
Y A S C B M I R C U F D I G
B W O T E O L E H D F I N E
B I N S W V P W I E O V G C
U S A U B I P A V Z A I J A
C B L D O N U R E H I D E P
A T T I C G S D S E X O B S

Storage

K U S D E T F I G Y N N A C
N N S C P R O D I G Y P R E
O D O C H E D U C A T E D S
W E Y W H O R D W E R H S I
I R N M L O O C R A F T Y W
N S I N T E L L E C T U A L
G T A S E N D A E P A W C E
A A R U A E A G R D T H L T
S N B I M G K I E L K I E A
T D E N R A E L L A Y Z V R
U I C E R E B R A L B H E E
T N E G I L L E T N I L R T
E G G H E A D E P T D R E I
W Y E X P E R T H G I R B L

Smart Words

H T M R A W B L U N C H H L
S L E E P O S G U H R E O D
K J J S U R P R I S E V N R
N E W Q E R E L A X E D O A
A W U W S E D U T I T A R G
H E O D B R E A K F A S T E
T L C I E S C H E R I S H R
F R A N U M O M B R U N C H
I Y N N R E R U T R U N O D
G C D E H E A R T F E L T R
M A Y R E S T E E M I S P A
Y K S E S S I K R D R A C W
C E C H O C O L A T E S T E
V A L U E D N Y L R A E Y R

Mother's Day

A	C	A	D	E	M	Y	A	W	A	R	D	S	N
E	G	P	I	R	T	S	T	E	S	N	U	S	G
M	S	O	S	U	H	C	I	R	K	S	P	O	I
A	T	P	T	T	H	I	S	T	O	R	I	C	S
F	E	U	R	C	C	N	B	C	D	O	S	E	E
F	L	L	I	I	I	E	U	E	A	T	S	A	L
O	E	A	C	P	T	M	L	L	K	C	O	N	E
K	V	R	T	N	Y	A	C	E	T	A	G	E	G
L	I	D	O	O	H	R	O	B	H	G	I	E	N
A	S	L	L	I	H	Y	L	R	E	V	E	B	A
W	I	T	S	T	A	R	S	I	A	C	A	R	S
E	O	P	E	O	P	L	E	T	T	R	Z	T	O
S	N	F	A	M	O	U	S	Y	R	X	T	X	L
T	E	S	O	I	D	U	T	S	E	I	V	O	M

Hooray for Hollywood

Y	Z	A	B	B	I	G	N	I	R	A	M	T	Q
D	B	L	A	C	K	E	R	U	S	S	A	E	L
D	S	A	W	T	E	C	F	I	S	H	M	E	H
E	R	O	V	I	N	R	A	C	Z	C	M	T	T
T	J	K	G	H	L	T	O	T	L	Z	A	H	R
L	A	N	R	U	I	D	Y	V	T	J	L	V	E
O	N	A	B	C	E	E	S	Y	I	A	G	Y	E
B	O	E	K	R	K	R	L	E	E	N	O	I	G
R	M	B	D	O	O	S	U	R	I	N	M	R	F
P	L	V	M	D	D	W	W	T	R	C	O	O	O
U	A	S	L	A	M	I	N	A	A	W	E	H	R
B	S	N	Z	Z	B	U	A	P	L	N	F	P	E
W	O	O	D	S	H	L	A	K	O	C	U	B	S
M	O	M	E	A	T	S	W	A	P	O	O	H	T

Bears

L	U	D	S	T	N	E	M	Y	A	P	A	I	D
I	E	T	E	I	N	T	E	R	E	S	T	A	X
A	G	H	I	L	G	C	T	N	U	O	C	C	A
M	R	T	R	L	I	N	H	R	E	T	A	W	R
E	A	E	E	C	I	N	A	E	O	L	D	T	E
C	H	N	C	L	O	T	Q	T	C	P	U	F	C
N	C	I	O	W	E	L	I	U	U	K	E	A	E
A	T	L	R	F	C	P	L	E	E	R	S	R	I
N	N	D	G	D	E	A	H	E	S	N	E	D	P
I	U	A	R	L	T	E	S	O	C	W	T	R	T
F	O	E	G	O	O	D	S	H	N	T	B	E	D
B	M	D	R	A	C	K	N	A	B	E	I	V	Q
B	A	L	A	N	C	E	G	A	G	T	R	O	M
R	E	T	S	I	G	E	R	E	G	D	E	L	N

Paying the Bills

S	E	N	G	I	N	E	S	T	H	G	I	L	F
W	C	T	S	A	F	A	I	R	C	R	A	F	T
I	O	A	I	R	P	O	R	T	E	W	E	R	C
D	N	F	F	O	E	K	A	T	N	C	S	P	H
E	O	I	S	B	I	G	H	H	N	U	J	C	T
B	M	K	B	N	H	G	N	A	P	U	A	R	Y
O	Y	A	L	A	I	C	R	E	M	M	O	C	A
D	T	I	T	E	C	F	R	B	S	P	G	O	I
Y	I	R	R	S	R	S	O	T	S	S	R	C	R
T	R	F	B	I	O	J	O	N	H	R	A	K	P
E	U	O	A	N	E	L	A	R	G	E	C	P	L
F	C	R	I	T	I	R	E	N	I	L	R	I	A
A	E	C	S	P	T	E	V	E	R	E	T	T	N
S	S	E	N	I	S	U	B	O	E	I	N	G	E

Boeing Jumbo Jet

S	L	L	A	W	E	N	K	X	E	T	A	L
E	I	A	S	P	R	A	Y	A	A	C	I	J
B	O	R	A	P	T	C	B	L	R	A	N	P
C	P	T	B	X	O	S	E	E	P	A	R	N
C	A	I	A	A	T	N	A	H	C	I	I	R
O	L	S	L	R	T	T	G	R	M	A	O	O
L	E	T	A	E	O	A	Y	E	T	L	T	T
O	T	C	N	R	K	L	R	S	L	N	A	B
R	T	A	C	E	I	O	E	E	W	R	O	U
I	E	G	E	C	M	I	R	T	P	N	C	C
M	E	D	I	U	M	G	R	T	S	M	T	K
U	F	U	D	E	L	L	I	K	S	E	E	R
S	E	T	T	A	M	A	T	P	K	A	A	T
E	I	S	S	O	L	G	S	S	M	E	L	L

Painter

C	M	E	T	R	O	L	L	E	Y	B	O	A
P	M	S	N	R	L	I	A	R	T	H	G	I
P	A	C	E	S	A	M	T	R	A	K	R	E
O	A	E	O	N	C	F	O	G	R	E	E	N
L	I	S	H	M	I	H	F	N	V	R	E	A
L	R	Y	S	C	M	L	E	I	O	I	T	L
U	C	A	T	E	O	U	R	D	C	R	S	P
T	R	W	E	S	N	D	T	I	U	T	A	R
I	A	L	K	Y	O	G	F	E	A	L	A	I
O	F	I	C	A	C	F	E	T	R	I	E	A
N	T	A	I	W	E	D	I	R	N	S	X	S
U	B	R	T	B	P	O	T	S	S	U	B	A
N	A	B	R	U	N	S	E	I	T	I	C	O
F	A	R	E	S	E	I	R	R	E	F	A	S

Public Transit

T	N	A	G	E	L	E	D	Y	N	I	H	S
R	U	V	D	C	P	C	D	E	S	I	O	P
E	G	E	I	O	E	L	L	U	D	D	E	G
L	L	R	S	L	R	M	E	E	K	W	M	G
A	Y	A	T	O	L	A	O	A	A	L	O	K
T	H	G	I	R	B	U	B	G	S	R	S	R
S	T	E	N	F	S	P	F	L	G	I	D	A
S	L	X	C	U	T	E	L	E	E	B	N	D
E	I	C	T	L	Z	C	O	A	C	D	A	G
L	F	I	Y	D	D	U	M	M	U	A	H	R
T	A	T	W	V	S	L	G	I	I	S	R	C
O	I	E	P	L	A	I	N	N	E	S	U	G
P	R	D	S	T	R	A	N	G	E	T	T	N
S	U	O	I	C	E	R	P	R	E	T	T	Y

Appearances

C	Y	D	W	G	M	O	V	I	E	S	E	W
A	L	R	T	H	E	A	T	E	R	C	B	G
M	I	C	I	R	C	U	S	Z	O	O	O	S
P	M	G	U	A	B	D	A	N	C	E	W	E
I	A	N	T	S	K	I	C	K	B	A	L	L
N	F	I	G	A	E	E	K	C	M	H	I	Z
G	O	G	N	R	R	O	T	E	I	G	N	Z
N	G	N	I	T	T	I	N	K	R	N	G	U
I	B	I	H	E	I	I	I	I	Y	I	C	P
T	E	M	S	U	C	N	A	X	M	R	D	I
I	A	M	I	Q	G	F	G	F	A	O	E	E
R	C	I	F	O	O	T	B	A	L	L	D	A
W	H	W	F	R	I	E	N	D	S	O	E	U
M	U	S	I	C	R	A	F	T	S	C	G	R

Fun Activities

T C L O G A S D V A L V E N
R A S E W A G E R P X I F R
T U N I F O R M L A T E M I
O L S K R U I U E E I E Y A
O K Z T S E N N L R G N V H
L V T S V G P I S A P D S B
P E E T E S O A K T L E U U
I R K R X T E C I O A L P T
P E C A F K O R K R S L P U
E W U D N L A T V N T I L F
S O B E B S O E R I I K Y X
S H R E H S A W L U C S Q K
E S I P H O N F A U C E T P
M R E T A W R E N C H K R H

Plumber

D H S Y O T R A D E C I R P
P W T I S J E W E L R Y N E
O F O O V E N D O R K A U R
H H S R O O D T U O V Q E O
S A C G C B H Z S I I T M L
T G B H C I T A N T R T N P
A G R K N R L T N O Z E N X
L L O G A E A A C D W K U E
L E W H S G E F Q E M N F J
B A S K E T K U T R L A S V
W T E V E N T S Q S M L D D
A I J U N K D R E I A B O E
L N Y S T R O L L E N O U C
K G D E S U L Y D B F U Y Y

Flea Market

G R I F F I N S T A B D F G
W B O A X C K M W F T R L R
N I G L V E K U O H E A O E
I G O L L N I M O D L C W M
E F O E S T N M D E L U E L
T O T N A A G Y E M U L R I
S O E A S U K G N O B A E N
N T L N Q R O O S N R M W T
E A Y G U T N L T S E O G I
K L O E A U G E A X V T H R
N I G L T R Z M K B L N O I
A E R C C L I V E D I A U P
R N A T H G I L N U S H L S
F S G O D Z I L L A O P M I

Frightening

S T E L I M S M G I R L N K
S E C L E L E G A N T J O L
S L A A A S K N A V I D R I
E E L D H E M I G N O R T S
R C N Y G H G R A N D M A A
D A U G H T E R A P A L M C
S R I A H O F A U W I T T Y
T B J V F L I E S U O L B S
P P E S O C K L O V I N G D
T R W W S A E A S E S R U P
A O E A M E C M K N W O G T
B R L T H E C E I N R C N M
S O R S T A H F R P O U O E
N D Y X J Y H S T R A M S L

Women

C N S T R A I G H T R I A H
S A X P I L C W A V Y R D Z
H I G H L I G H T S W A S H
A C T U C I G N O L E W O T
V I D R E H T A E F O V D K
E T W E R C A E S R E Y A L
L U M S M P S N N Z E N A M
Y A I H R O O R G D A F R O
T E R E E E O T O E S E O H
S B T A B C L R T S P Z L A
N R O R R I M L G A S P O W
I S G N A B Y C O W L I C K
P Z Z U B R A Z O R Y F C X
X S T E L L U M T T R O H S

Haircut

P A N S G R E A S E H S I D
H L A H S A W K C I U Q E S
O S E L B B U B C N N T T Y
T S L I S N E T U A S K A Q
O G C B O W L N O U T R L L
W L U O E S N I R M P S P O
E A P H T O L C H S A W Y A
L S M D E T E R G E N T R D
S S F W N S A N I T I Z E E
A E S A I S U D S F O R K D
U V O T H A N D S B U R C S
C O A E C W O L F R E V O Y
E L K R A P S H S A W E R P
R G C Q M L I F O O D D C O

Dishwashing

P J T W O L S T R I D E Y B
O O D O G S T R E N G T H L
W G G R O U N D P E F N T E
E G F K E X E R C I S E L V
R I R O A D E N T D C M A A
K N F U O R A N E W B E E R
N G U T U T E E E A M V H T
E N N T S S P L L T U O I R
E I A I S S L A S E S M K A
S N D A H N N B T R C A I I
E N L G E C A P R H L L N L
L U M S E E R U S I E L G S
I R S I D E W A L K S G E L
M X F E E T U M M O C K E W

Walk Around

S K Y Y H S E R F W A N G I
T C M T E E W S E L B B U B
I A E S I L A R U T A N Y N
C P L A Q U E F N E P V A Y
K Z O T N H R P I E C E O R
C H N R T O B F J S L N N R
U H U A L N M I S C D Y N E
T O E O K U E A G H A T Y B
S R C W H O R D N R T N R U
B S U G A R O T I N E E D C
D E R A U Q S Z V R I D E Y
R O U N D Y G N A T T C A T
S R W R A P P E R B I T E W
T N I M Y B O H C I T R U S

Chewing Gum

R	T	R	A	C	T	H	S	V	S	N	O	W	R
L	A	S	E	K	A	L	L	N	A	E	C	O	E
Y	K	I	C	G	U	H	A	F	O	L	U	S	H
Y	L	A	N	L	I	R	M	O	X	Y	L	L	N
I	T	G	R	S	I	O	I	R	K	F	N	E	B
P	U	R	E	D	E	M	N	E	E	L	T	A	Y
A	R	E	A	U	N	C	A	S	S	O	R	V	C
T	R	E	G	O	P	U	T	T	R	R	E	E	L
J	U	N	G	L	E	M	T	S	E	A	S	S	E
G	E	R	A	C	W	S	E	N	V	M	E	E	A
R	H	N	F	O	D	O	M	A	I	N	D	E	N
A	T	S	O	R	E	V	I	R	D	X	R	R	U
S	S	D	I	Z	N	E	G	Y	X	O	G	T	A
S	S	B	I	F	O	Z	R	E	T	A	W	V	F

Environment

N	B	G	R	U	N	G	E	J	R	R	S	S	L
O	W	L	U	O	S	D	V	I	A	D	P	R	A
R	V	O	N	F	C	L	I	G	D	O	I	E	C
C	U	H	T	E	Q	K	T	S	P	N	R	G	I
H	H	A	E	O	W	I	A	U	C	L	I	N	S
E	Y	R	I	L	M	O	N	B	A	O	T	I	S
S	A	D	I	E	E	K	R	T	I	J	U	S	A
T	W	R	P	S	R	C	E	L	P	L	A	G	L
R	D	O	E	O	T	M	T	K	E	R	L	Z	C
A	A	C	C	C	Y	I	L	R	G	A	S	Y	Z
T	O	K	P	V	O	O	A	E	O	J	N	A	B
I	R	B	A	H	F	R	U	N	E	N	B	S	C
U	B	E	B	O	P	L	D	F	U	S	I	O	N
G	H	D	N	A	B	G	I	B	D	A	N	C	E

Types of Music

Q	M	X	O	T	R	I	H	S	K	I	R	T	M
T	G	E	T	U	P	A	S	C	O	T	L	E	B
E	H	S	A	S	T	D	L	H	L	C	O	A	T
K	R	R	N	S	T	F	G	L	O	R	K	M	E
C	A	C	E	C	U	N	I	F	O	R	M	S	S
A	E	V	A	A	I	D	A	T	C	C	T	W	U
J	W	C	J	R	D	E	S	P	L	Q	E	S	O
E	T	G	E	F	D	S	T	O	O	A	P	K	L
P	O	V	A	X	E	I	T	J	T	S	A	C	B
A	O	H	Q	R	U	G	G	E	H	N	J	A	R
C	F	O	D	S	M	N	R	A	I	O	A	L	O
C	O	S	T	U	M	E	T	N	N	L	M	S	B
O	D	E	X	U	T	R	N	S	G	Y	A	W	E
G	O	W	N	R	M	I	T	T	E	N	S	T	J

Apparel

S	I	U	S	N	W	O	L	C	E	L	I	M	S
P	E	T	S	E	Z	I	R	P	T	O	Y	S	Q
J	Y	S	S	T	I	L	O	V	E	C	P	S	U
G	L	W	S	T	G	N	I	R	P	S	P	D	C
P	I	C	N	I	C	S	O	C	B	L	U	I	A
A	M	G	F	K	K	E	W	P	A	H	P	K	R
R	A	T	G	U	H	A	F	Y	B	T	F	M	D
K	F	W	F	L	N	K	I	C	I	R	C	U	S
S	A	F	R	I	E	N	D	S	E	I	O	S	M
N	S	E	M	A	G	S	Y	E	S	B	M	I	O
U	D	A	N	C	I	N	G	D	O	S	E	C	O
F	L	O	W	E	R	S	S	I	N	T	D	A	R
S	N	U	S	S	E	C	E	R	G	A	Y	K	G
F	V	H	E	J	J	O	Y	B	H	H	C	E	T

Happy Things

B Y A R E C E S S I V E S S
O G M G D V A R I A T I O N
D O I G O G N I R P S F F O
Y L N E C N A T I R E H N I
D O O E C N E I C S M S U T
I I A V I C E L L S O T C A
S B C O T R A I T S S U L T
O X I L E H E L B U O D E U
R D D U N L S P E R M Y O M
D W S T E Y E C O L O R T O
E H E I G H T L N N R D I T
R N A O N E R D L I H C D H
P H E N O T Y P E A C W E E
A N D M O R G A N I S M S R

It's Genetic

R B U B B L E S E L B R A M
H E A T E R S S E L B B E P
S R Z L A M P S R E F F U P
E E N I R A M C O O L I N G
R N C G N K L O A C H S I F
F P I H S O K S O S T A N D
P A L T M U I R A U Q A E I
G S Y S R Q T E S T K I T S
Y S R T T O R N D S P M U P
P A C E E A G A G R A V E L
P L A N T S S E L T R U T A
U G E E R L E L N M O L L Y
G A O E A C I C H L I D A X
R E V O C Y S F R O G S S J

Fish Tank

N P Y T E F A S P T A E W S
O E G S B A W S U O R A L S
I M O O R H T A B I S C K E
T I L L N E S S L L A I H E
N B O D Y H Y G I E N E A C
E D I S I N F E C T I O N N
V G M O R L T O H P T D D A
E N E O X I U E E A A A W R
R I D P I H A B A P T I A A
P N I M C L U H L E I L S E
A A P A T R T R T R O Y H P
O E E H C L O T H I N G I P
S L Y S C I T O I B I T N A
B C L E A N L I N E S S G L

Keeping Clean

Y T L F N F R I E N D S S L
E V R A C G R A C E T A L G
K B P M N O V E N U L A T G
R R D I N I N G F A B G S A
U E T L O O U F D T N N A T
T A T Y B E I R O R S I O H
E D F H S N E O O E J L R E
N E S T G S F C O B B L E R
I I S V S U M T H O T I T S
W P G I Z Z A R D S R F T T
P I N R U T H L S M A Y U E
Z G Y N O I T A C A V U B E
N I K P M U P N A C E P Q W
V I S I T P U O S L L O R S

Thanksgiving Dinner

T N E L N G W C O M P A N Y
N O R D I O N R E S W O R B
E I U C U N I I I W I U H N
M T G Z A C U T G T N T S E
P A I L L L A X A A E I A X
O C F U K A C T B M M L R E
L I N E S E N U I U O I C C
E L O E D E S G L O G T O U
V P C O M I C A U A N Y U T
E P C U N A T I D A T A D A
D A C E D I G I F W G E L B
M O S R O R R E N F A E E L
D S G N I M M A R G O R P E
T E E H S D A E R P S L E U

Computer Programs

Y P Q W N A T I O N A L E G
M S A B I L L S I L C T G T
O N N Y A F I N A N C I A L
N I I W M L T W S L O D G A
O O N C A E A D E S U E T T
C C V F R R N N M E N R R I
E U E E D O D T C Y T C O P
C A S H B I A R E E S A M A
J T T T N Y C N E R R U C C
F I M G O V O L A V A U L T
W U E Z L M S T I S O P E D
L G N I K C E H C N A R B E
I N T D Y T I R U C E S W B
F E E S S E N I S U B S H T

Bank on It

F T R A V E L L M R E G C A
S E R I T L I Y L I G H T O
L A N G I S C A E R R M P I
E H O R N H E W G K E R A D
E K G Q C I N E S G T V O A
H K R T D G S V E Y U R E R
W S U A S H E I L E M I S L
T L E B P W E R U N M D D R
C A L U I A N D R R O E E E
S D A O R Y G Y O U C T E E
N E O F T W I N D O W S P T
R P M O V I N G O J R P S S
U B T A E S E G U A G E A R
T O U R B O N K N U R T I M

Driving a Car

L E N A P M I R R O R P D B
T B Y G R E N E W A B L E A
S H A G L E V L C O N A S L
M T I T O T U I A A M N E T
E R T R T L C S T M P T R E
T A R V A E O U A N R S T R
S E A O L D R N E B E E A N
Y G C L T A I I H U L C H A
S A K T L C X A E C S E N T
E R I A T N E M T S E V N I
S O N G N A E L C I M T E V
N T G E R U T U F O O R E E
E S A T E L L I T E H N R B
L I G H T C O N V E R T G Q

Solar Power

E C I R P P A T C H E S Y R
C O M P I L E S R E T S O P
A M S R G G Y A L P S I D P
C I S E N I R U G I F N F I
Q C T S I R O T C E L L O C
U S N E T L B O O K S K S T
I Y E R N M F G T B E N S U
R R M V U O M R F O U O I R
E L A E H D I A E T Q I L E
H E N D S N N P A T I T S S
T W R U K A T H M L T C Q T
A E O E F F C S A E N U R O
G J T E L B M E S S A A B R
O S T C E S N I S N I O C E

Collecting Things

U G N A T R E G G I H C D R
G U B K N I T S L B C R M O
E B I F I R E F L Y A M K T
T Y M R O W W O L G O F A A
I D T S E I L F O S R B T D
M A E G G S E N Q U K T Y E
R L N M K S F U I L C H D R
E C R R R L I T G R O I I P
T O O O Y T F N I U C U D F
S B H W O L B C S I B I S L
U W Y L Y I K E T E H D P E
C E E A T E F S D P C T E A
O B E E T L E P A R T T O B
L S S M Y P I L L B U G S M

Pests

N N S J E F L S P O H E A T
P D B T L K I E T U O T S S
S A T A A C O P P E R P M A
O R V S R O B R E C I P E E
U O R T I L A G E R N Z L Y
R M E E T R E A N M F B L P
G A T L T I G Y Z H U A O S
F D T C E A K Z Y S S T S W
D G I N F M W W M A I C U E
T R B U E D A M E M O H G E
R A A R Q M A R S R N J A T
A I N F S I R E A M B E R D
T N B O T T L E M C A S K M
K E G X I N W I F I L T E R

Brewing Beer

S L A N R U O J L A G E L I
U E D T E N R E T N I T S A
T V V U P U B L I S H E R G
P O A B E S T S E L L E R E
I N N C V B I N D I N G G N
R K C O Y T C O N T R A C T
C C E V R G N I T E K R A M
S A L E S T H G I R Y P O C
U B V R N E W S P A P E R S
N D M P R O D U C T I O N G
A R T I C L E S M U S I C O
M A B O O K S T O R E A Q L
J H M A G A Z I N E S H W B
P A P E R B A C K A I D E M

Get Published

E T A L D E D U C T I O N P
C A T L E X E M P T I O N C
G X N A E X T E N S I O N R
S P E N A L T I E S T A T E
R A M O F X N R U T E R A D
E Y Y S G I R F S E G A W I
B E A R N I N G S S O R G T
M R P E G O P A Y S T U B S
U W T P C S I G N A T U R E
N P R O P E R T Y C D I N S
M K R O W R E P A P I B E M
A Q R E P O R T I N G A I R
I N C O M E V A S I O N L O
L P A Y R O L L A R E D E F

Tax Time

S E X O B B E D P O S T T S
R E S U O H H I I T A E D S
E S L W O B N R A B N N H D
S D E S K O C I L I I E G N
S R I K C H R L B W L G U A
E A G C A S A A D F S Y O T
R T H I S B C O A S T E R S
D I R T E L O P M E T O T V
O U B S T W P O R C H E S T
O G A M E C N E F R A M E S
W B F U R N I T U R E M T I
Y E K R O W T R A I L I N G
L B P D N U O R G Y A L P N
P A D D L E O N A C L O C K

Made of Wood

F L A M E D I W D L R O W E
C O A C H E S D S L U I O C
B N T D E W L L C A E D G E
E D H E E D A E I B Y L N E
I O L C B M D I T Y N B I R
J N E A A E E F S E O A M G
I S T T D E M Z A L H S M N
N C I H M T D S N L T K I I
G O C L I T L G M O A E W N
N U S O N I O N Y V R T S I
I N U N T M G I G M A B M A
V T Y N O M E R E C M A A R
I R X F N O I S I V E L E T
D Y R E H C R A T N A L T A

The Olympic Games

E G A T S T E P M U R T B V
H C A B N Y S O U N D S I D
N R E D O M M I S E T O N V
A O N A I P R T L C L A O R
H C S H T A U E O A B E I O
Y A O B C N E N S L C N T M
M D L U E I C I T O U O A A
O R O L S E N R R V P B V N
Z H I L R T E A I E C M O T
A Y S T E F I L N L I O O I
R T T E N M D C G Y S R S C
T H C H O R U S S S U T O E
E M E H T B A H A R M O N Y
C E L L O Q O B R A S S G S

Symphony Orchestra

Media

True Friends

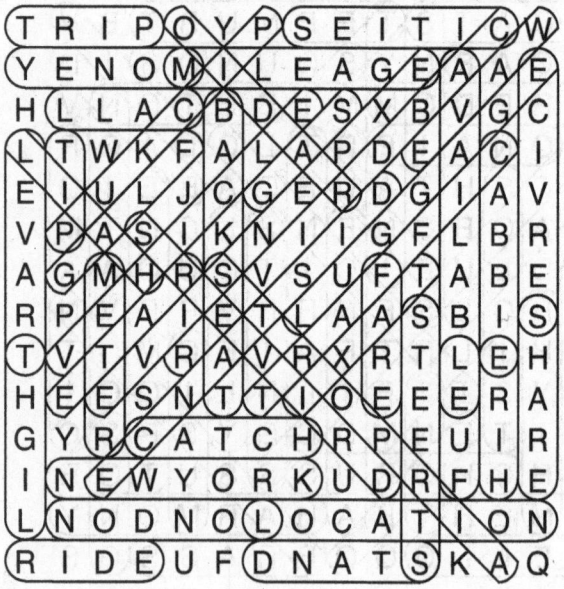

Take a Taxi

Relaxing

H	F	C	I	O	R	E	H	T	N	E	R	A	P	
U	U	E	N	I	L	P	I	C	S	I	D	N	A	
G	N	I	V	I	G	R	O	F	K	K	R	E	T	
S	R	O	L	E	M	O	D	E	L	A	C	R	I	
L	D	H	E	R	I	T	A	G	E	H	O	D	E	
O	D	E	T	O	V	E	D	L	C	T	N	L	N	
Y	D	O	T	S	U	C	Y	R	S	G	C	I	T	
A	P	A	P	C	R	T	A	E	G	N	E	H	C	
L	L	I	R	G	E	I	C	K	N	E	R	C	E	
T	P	A	T	E	R	N	A	L	I	R	N	A	P	
Y	M	A	N	T	A	G	N	O	R	T	S	O	S	
R	E	L	A	T	I	V	E	O	A	S	P	C	E	
Y	P	P	A	H	G	N	I	H	C	A	E	T	R	
E	V	O	L	D	E	D	N	O	B	R	A	V	E	

Father

Y	S	L	O	O	T	L	D	C	A	M	E	R	A	
R	L	D	S	C	I	N	O	R	T	C	E	L	E	
U	L	E	A	T	C	I	E	A	I	Y	N	S	L	
C	E	Z	H	U	D	O	L	R	A	L	M	D	E	
R	C	I	K	A	T	K	M	L	R	O	L	I	C	
E	U	G	R	C	A	O	P	P	K	U	R	A	T	
M	A	R	T	L	O	D	M	E	U	E	C	G	R	
O	N	E	I	O	V	L	A	O	T	T	G	N	I	
T	R	N	K	D	Y	L	C	O	B	W	E	I	C	
E	E	E	L	B	A	S	O	P	S	I	D	R	C	
S	T	S	T	R	A	C	F	L	O	G	L	A	A	
H	N	F	M	U	S	I	C	P	L	A	Y	E	R	
L	A	P	T	O	P	L	A	C	I	M	E	H	C	
N	L	C	H	A	R	G	E	T	A	B	L	E	T	

Battery-Powered

N	E	T	F	E	N	I	G	N	E	C	A	P	S	
O	B	C	I	U	S	O	E	O	L	L	O	P	A	
O	S	O	N	P	S	O	T	S	T	A	E	H	E	
M	H	S	O	E	K	E	L	S	P	D	A	Y	Y	
I	U	N	T	S	I	C	L	A	U	I	Y	S	R	
S	T	G	O	E	T	C	O	A	R	O	L	I	T	
S	T	L	A	I	N	E	S	C	G	R	H	C	N	
I	L	A	E	L	T	A	R	O	V	E	R	S	E	
O	E	O	R	U	A	A	L	T	I	T	U	D	E	
N	U	S	R	S	F	X	I	P	G	S	K	N	R	
M	I	L	I	T	A	R	Y	V	R	A	N	U	L	
I	M	A	G	I	N	G	G	R	A	V	I	T	Y	
C	O	M	E	T	N	O	I	T	I	N	G	I	W	
P	R	E	S	E	A	R	C	H	C	N	U	A	L	

Aerospace

D	E	C	I	M	A	L	U	M	R	O	F	A	E	
D	P	O	N	U	M	B	E	R	S	E	T	S	Q	
A	U	M	E	T	N	E	G	N	A	T	F	U	U	
S	O	P	G	L	C	C	L	R	Y	R	O	S	A	
E	R	U	A	A	N	I	I	P	A	T	U	R	L	
L	G	T	T	R	E	T	N	C	I	L	A	A	S	
G	R	E	I	E	H	S	T	E	U	T	R	O	G	
N	A	V	V	M	I	I	N	C	I	E	L	L	E	
A	P	I	E	U	O	T	L	O	A	V	P	U	O	
B	H	T	X	N	Y	A	R	B	E	G	L	A	M	
A	I	I	M	E	C	T	N	E	N	O	P	X	E	
C	N	S	N	U	O	S	E	R	U	G	I	F	T	
U	G	O	C	O	S	I	N	E	M	I	R	P	R	
S	M	P	R	O	D	U	C	T	N	U	O	C	Y	

Math

D G N I Y L F Z S R S N S T
E E V E H I C L E D O F R R
E N A L P B N E X I U U A A
L N C D A N T S T S T T T V
O I T F R S O A A T H A S E
R A G N G E N I N A P O P L
T T H H O I C L T N O B I A
N P T T T I S K R C L E L T
O A S S R H T P O E E A O I
C C E T A O O A I N L R T T
E D W L C E N U C H I I I U
A J D E G R E E S O S N N D
N L O N G I T U D E L G G E
S T R A H C O M P A S S P G

Navigating

J U M P S P A L F S P A K S
S C P E C C S U N S H I N E
B O A E L H N M T J C R D L
R U R L G D L R E K V B O G
A R T Y A N O O B D J O L G
C S Y T M K P O R S C R Y O
E E T S E S A A N I H N M G
T W I E S R U I D S N E P K
A E U E D G F B A D E E I T
N T S R E L E L M T L C C R
S A M F I D P P Y E K E P E
Y O I P I S D N E I R F A A
O L W L B I K I N I O G C D
T F S E V A W G A W A T E R

Jump in the Pool

M O T O R B O A T E J J S L
A N O C L A F A S T B A L L
C N W E E X P R E S S G E A
H A I R P L A N E V J U D B
S L N A M R E P U S R A C E
P A D N R J R E T N I R P S
E C T M O T O R C Y C L E A
E H S E D N U O H Y E R G B
D A L E L I B O M W O N S B
B T I D A L W A V E M I T U
O E G N H S I F L I A S N L
A E H U V A N T E L O P E L
T H T O F P E R E G R I N E
A C V S S P A C E S H I P T

Fast Things

P O S I T I V E R E P M A L
S T T S Q U V R M L R R G R
A R L E E I O U I O Q E P E
Y A O G T L N K Y A A K O P
G I V A N I E S C D P A W P
R N G T M I B R R A P E E O
E E E U L P R R I E L R R C
N D L O I S L I O W I B E U
E A B U G E P I W W A L X R
M C A T H C X A F A N T P R
G O C L T I U C R I C O T E
Z V S E R V I C E K E C U N
K E T T J E B A T T E R Y T
G R O U N D E L L I K S N V

Electrician

Z G X N K S M C A R J F N G
A S D W O W U M I H R O C K
Z D N E O D P G N N E G B E
N Z Z P E M B G Q O N R J Z
Q W A J U N K G K M T A O B
B M S J A X A R O O B L U E
Y T Y T S Q U V O O T I W A
Y U I A B A Z H O G I J I T
B Q T U L I N K T W E R G G
N U S D N U G D I U W O N O
Z O V W K I A A O T L O D H
K Y Q S D C X Y U G E F I L
S F Y Y G A V D P Y I I G B
Y G V A E L T T M R A G I P

Monosyllabic Words

S Y W R A P R O D U C E R E
U A C A S T I N G D E A Y C
O L W T R M N S S R L W E N
M P Z S P D A E E A E A M A
A E U R E R R U G M B R U M
F I O E R R G O D A R D T O
G V S H K O O P B I I M S R
E O G E L A T C A E T L O E
S M N A T Q M C N R Y I C S
T P I R C S C C E E T F O E
U D K S V E E S C R E E N N
R W O E N L I G H T I N G E
E M O T I O N C O M E D Y C
C B B T H E A T E R A C T S

Acting

E N B P E T R A T O S L O Y
M N G D A N U B E R I V E R
A S A N T A R C T I C A G E
D Q Z E B E R L I N P F D M
E U O M C C A I R O R F I M
R A M A Z O N R I V E R R A
T W O D M C N S C O W O B H
O V U R U I E A R A T K R E
N A N E N T B P I N N G E L
A L T V I C G P M D A N W L
G L F O C R I O E E N A O I
A E U O H A B R A S S I T L
N Y J H U D S O N B A Y X O
T R I L A H A M J A T S S B

Sites of the World

G G N I P Y T R A C K P A D
P W I R E L E S S D O M A E
S W Z X K I L S R P O O B L
R O T I N O M A U G B B I L
T R N I Z A O L M T E I H S
O K M Y R B A B H S T L S O
U P T G Y R T G R W O E O F
C Y O E F F I C I E N T T T
H R K R N L T F A I W R A W
P E D Q T R I H S P A O C A
A T C I J A E U I V M A P R
D T L K O O B T E N S O N E
M A C B O O K L N E E R C S
P B G N I M A G E I B O O K

Laptop Computers

S C A C K L E R B A C A M E
N I G H T V M B L A C K E C
A C V E I A U T U M N R A N
C B O T H C T I W S I N O P
K S S B A N S H E E D O R U
S E P W W B O G E Y M A N N
F O I I K E C R W G N R G C
L M D C R I B O D K N O Q H
P U E K A M D S S L O A O Y
S S R E D A M S G D U R R K
E I S D H O G N I V R A C O
M C T S O H G E F O O D C O
A C Y R A C S T R E A T S P
G O B L I N N Y T R I C K S

Halloween Party

E X E R C I S E B E L I E F
G Y C G O S R O I V A H E B
R O A N A P E G U I D E G O
O G G I C E W F C T D Z A O
W A N N H T O O E C I K I K
T P I R I S P C X A C N R L
H A Y A N T N U P O T O R A
Y T A E G E N S L R I W A N
P T R L U G V E O P O L M O
N E P L O A W A R E N E S S
O R F A M I L Y I A S D J R
S N L A N R E T N I P G P E
I S S E N T I F G M M E U P
S M O T I V A T E G U R U Y

Self-Help

P M E T A L T S O R F A V L
Z L S O D A P U U T W I M M
A M A R B L E F L O O R S K
P Y I Y A S E G D I R F M G
E N S S I U N S T R U G O Y
K I H D T N E M E S A B O S
A T N M G D G Z U E A E T W
L O I B N A E H P T H Q H I
P L G U I E S S O D U C I M
K A H R R E L O O C Z A E F
M S T B P F U C L R K W E D
W I N D S A S E G W B E N Z
A C S O Q N H A I R T E Y V
K E B T W S Y N D R A F T G

Cool Things

P Q K N I A R T N E T A R P
H I K I N G N I P M A C A U
S E Y U D N U O R G X B I T
E D F L B S R T P A R T Y E
P T A H B T E I C A N V A S
O R M M A M T U A I P H O R
R A I B O C E Q M U R U E O
K V L D H N P S P Y T B D O
C E Y I C Y U O S S C U A L
O L N O I L P M I A L G H F
V G T S R O O D T U O S S J
E S G Y C N E W E A T H E R
R E M M U S I Z E S H I P I
P O L E S E K A T S M A L L

Tent

M B K J F Z O F S Z H H T D
A I O O B W O O D U T C H C
S B O N K U Y N T I N Y H V
I D C C C O R T G H E A L H
M C B O I L I N G K M G I U
P A T R R M I Q R B E H O T
A K S O B Y A U E H L T R R
N E A O R F T R D A E R B A
L P O D N U M R E M I T A E
I I R L O R T N O C S H K S
K Z G H L N Y R A N G E E T
Q Z E H R A C K E E R A I O
Y A K I T C H E N I L X S P
T D I N N E R V F L M C O A

In the Oven

Q R E K A H S P I H C C E Y
O C E A N Q K O O C K H L S
E R U S S E R P D O O L B W
T F N A T U R A L N S O A A
S L M R L A K E H D H R T T
A O X E L G U Y T I E I H E
T A D F N K J R L M R D X R
F T E I D G C D A E A E S A
A O R N U T R I E N T T U V
E U O E I M Y A H T T L Y A
C N H D T M S K I F E H S K
E T I H W T T H C N I P G S
Z E Y R O V A S R O S O U R
T E M G B F L A V O R U N D

Salty

K X C I A C N E M X X I Y V
B D A B V M D I H W A B A A
H T C O Q Q N G H P H P I I
K L S G B E X C B T S K I N
U I Y T W V N B H C Y I N K
R W R O A I D I L M I N I U
Y S G A T S N I F I N D P P
K R U D I D B A S I N I R X
Q I U N M N E L H I I D A Y
M A G I I H I C O N A N I M
D I O A N N N J O N G I T E
N W P T E I G T N I H M N O
L N M I Z E N I V R N I Z K
D C T P D V R I N G N I K B

IN Words

H C T A W Q G R U M P Y B E
B L O U D N E L A C O L G C
I O S N E T I L O P E D O I
N S H E L P F U L Y S N S N
V E A W B A R B E C U E S C
I R R E N T E R S O O I I L
T O E D E Y S U K M H R P U
E W D S L E O I P M M F W D
I D Y I I I N T R U S I V E
U Y M T X D H M I N D F U L
Q A R O Y O E C V I S I T G
F A N U F G M N A T F I G N
P B K I D S T B T Y S O N I
O P E T S E T C E T O R P S

Neighbors

R Y R T L U O P M C K X B Q
F W E M E R U T S A P X N X
H R R F G M U D L E I F L E
L A U A N I M A L S G J L S
F E N I V O B T R O U G H R
N I A M T K T H R E S H J U
C R M S F A L L O W T E S R
O K A G C E R I S W A L A A
W X R B M B N P M N O N O L
O H K O Z I O C S P G L H B
O A E U W R N O E E I O P I
L Y T A C B E E T S R T U B
E S K E T F H N D S D E E S
M D Q F L S Y I E L D R I Z

Farmers

S E L I M S T R A E H U G T
E L E V A R T R U O C S U G
V F R O S E S C I S U M N I
O E G O O W H H P D D E I F
D E N A M O R E D N E O T T
A L I E R L S R E O V P E S
T I N M A F E I U M O A D R
E N R O H W R S G A T S O A
T G A T C F E H I I I S T T
A S E I Y L N E R D O I I S
D S Y O D I A D T F N O N L
O I B N N R D A N C I N G O
R K A S O T E D I N I N G V
E C A R B M E S O P O R P E

Romance

D D E L I C I O U S C Y W E
A S E I R O L A C O I U O L
E E S E I R F Y R L R M N Z
R O A M P I D N L T A M T Z
B T U G O F D O C A M Y O I
U A S N W O R B H S A H N S
R T A I G G R Y E T L T S K
G O G N G T O H E Y A L H E
E P E E C I R R S R C A R W
R B A T T E R K E U Q E I E
S E O T A M O T R T M H M R
D J S A L L I T R O T N P N
H S I F S A L T E M P U R A
H E S A E R G J N O C A B P

Fried Food

R G N I N N I G E B S E G A
O M S Y M E S O L I T H I C
C I R O T S I H E R P M O H
K P Y T N E I C N A A P T N
R T A G R I C U L T U R E S
E I F S O A H E O S A A Y T
C M R L T L O P T E N I T O
O E I O Y L O O G D C E I N
R P C O I S N E E E P G U E
D E A T E E O R A O D A Q H
E R H M A L T G C H R N I E
D I R G O H E H A E C O T N
C O E G A E Z N O R B R N G
J D Y L I N G U I S T I A E

Ancient History

S	E	M	A	G	N	E	E	R	C	S	K	D	S
C	I	L	I	N	K	I	F	T	A	H	C	S	O
E	M	A	I	L	D	P	A	I	B	B	I	E	E
F	A	C	E	B	O	O	K	M	R	M	L	I	D
N	G	U	P	H	O	E	W	O	O	E	C	B	I
E	E	P	S	I	Y	M	W	N	D	D	F	B	V
W	S	L	C	B	C	S	I	E	L	G	O	O	G
S	T	O	O	R	E	T	U	P	M	O	C	H	X
W	O	A	N	R	O	N	U	H	C	R	A	E	S
O	R	D	N	R	S	S	E	R	D	D	A	D	G
D	I	I	E	E	R	U	S	I	E	L	T	N	O
N	E	N	C	U	F	O	R	U	M	S	A	U	L
I	S	G	T	W	I	T	T	E	R	O	D	F	B
W	A	L	A	P	T	O	P	T	E	L	B	A	T

Surfing the Internet

Y	F	F	A	T	P	U	D	D	I	N	G	L	A
A	R	F	R	U	I	T	R	U	F	F	L	E	S
C	O	S	B	M	B	R	O	W	N	I	E	M	O
E	S	A	E	U	A	E	G	D	U	F	K	A	D
D	T	U	L	I	B	E	I	P	C	Y	A	R	A
G	I	N	G	E	R	B	R	E	A	D	H	A	P
S	N	A	L	A	M	T	L	C	K	N	S	C	O
N	G	T	E	B	R	O	S	E	E	A	K	A	P
I	A	B	O	N	B	O	N	A	G	C	L	V	S
F	D	E	S	S	E	R	T	D	P	U	I	I	I
F	S	W	E	E	T	E	N	E	R	O	M	T	C
U	O	L	A	E	R	E	C	I	R	O	C	I	L
M	Q	X	J	L	O	L	L	I	P	O	P	E	E
P	U	R	Y	S	P	R	I	N	K	L	E	S	O

Sweet Tooth

S	E	M	A	R	F	R	E	N	G	I	S	E	D
P	A	E	H	C	T	H	G	I	L	N	U	S	A
E	A	C	C	E	S	S	O	R	Y	V	L	L	R
C	D	E	Z	I	R	A	L	O	P	O	T	O	K
T	N	L	L	Z	T	D	U	R	C	E	R	O	E
A	I	E	C	B	E	S	O	E	C	D	A	C	N
C	L	B	X	T	A	T	A	A	C	I	V	O	E
L	B	R	N	P	E	N	F	L	Z	S	I	L	D
E	V	I	T	C	E	T	O	R	P	T	O	O	R
S	T	T	T	A	N	N	D	I	A	U	L	R	I
A	V	I	A	T	O	R	S	I	H	O	E	E	V
W	O	E	W	Z	V	B	D	I	O	S	T	D	I
N	L	S	E	S	S	A	L	G	V	R	A	C	N
H	C	A	E	B	R	I	G	H	T	E	B	F	G

Wear Sunglasses

D	W	A	R	M	T	H	T	L	A	E	H	F	P
Z	H	S	L	O	O	T	S	N	L	F	M	L	A
M	E	N	N	H	L	I	A	D	M	I	I	A	O
T	L	N	C	O	G	I	N	S	A	N	R	R	S
V	P	N	I	N	I	A	G	T	P	K	R	E	L
W	O	D	A	C	C	T	S	H	M	I	O	D	B
P	A	L	H	D	I	S	A	S	T	E	R	N	L
R	B	T	M	S	A	D	L	R	U	E	N	I	A
O	F	G	E	P	A	E	E	G	P	Y	R	T	N
P	P	L	M	R	U	C	A	M	P	I	N	G	K
E	A	O	I	C	I	U	W	H	I	S	T	L	E
P	C	V	S	N	Z	F	H	A	T	C	H	E	T
A	K	E	M	E	T	D	O	O	F	T	N	E	T
T	R	S	A	F	E	T	Y	D	B	A	G	R	P

Survival Kit

K L A T M U I D O P I T C H
L E A R N W A T E R E L A Y
C K A E P S C C H A A N D T
E G A U G N A L C N O L D O
N R E T C E L A C I T I R C
S R E C O R D S T A C S E G
T R E P X E E S P L U T S U
H E T Q M T E R S P R E S E
G B A I O U A O V X T N T S
I B C N Q T A O D E S K U T
L A U D T P I M L O N G D A
L J D L B V O C A L I Z E G
A M E O G N I L E S S O N E
H X X E N O R D I R E C T T

Lecture

D I M M E D E S S E C E R R
L U M I N O S I T Y O G E E
S E L D N A C H N B L D I F
N E Y T N E C S E R O U L F
I C L F B R W I C I R G E I
A A T E O H O L S G S N D C
T L S P C B L L E H S I N I
R P O U L T G U D T E L A E
U E C U N N R M N E H I H N
C R B R I L L I A N C E C T
K I K Z S C O N C E R C T D
C F A L A M P A N I O Y I O
B L I N D S M T I T T A W O
B A O V E R H E A D A Y S M

Lighting Up the House

Y O O B M A B A B E A C H D
K T O Y I E I T H T A I L I
S P N W G R D E S I G N P A
T I A O C O D B R K J S O M
F R L R L D L S E X P S W O
I I A K K Y J O C O B G E N
L F G N I N N U R B R N R D
T E N H U A H T E O E I L T
G S I F T M K P A P E R I R
N E R D L I H C T H Z T N E
I N P G T C N L I G E S E E
Y I S E D R A G O N T U S M
L H S L I G H T N I N G L Z
F C I R B A F L O W O O D G

Kites in the Sky

P S P O R T H M E L I M S X
Y C S Y E L L A B T O O F D
P R G C I M C Y J U M P F A
P O O N H T A H T A L M C U
E W E T I O E G E L L O C Q
P D F V C T O T W E N P U S
R A I A V I I L C T R E S D
H T V M N A V C E H D V W D
Y H I G A S R S X E A E E U
T L F R K R T S R E N N A B
H E L J I I Y O I U C T T G
M T I A L P C P F T E S E N
R E P P R S S K V I Y X R O
C S S T L U A V S K I R T S

Cheerleaders

R S E A T U N N E L I J U E
F A K T G N I T I A W I N D
A C I C R O D N E V I I E I
R X O L I R E T T I L T P R
E S S M S R O T A R E P O A
P R K A M I B V O R L L L C
P O D P P U G U C A U A E H
W O T N W O T N W O D T S J
O D S S E E O E S E E F H C
L X C T I C K E T N H O T E
E X P R E S S A J T C R O B
B U H Y O R S E H E S M O Q
T O K E N W S F D R A O B F
F A S T A N D N A B R U H Z

Riding the Subway

A C T I V I T Y G L O V E S
D L I W C R A W L I N G S S
E Q U I P M E N T T H G I L
G N S P E L U N K I N G C I
N G I E X Y D W I P S O R P
I S N M L G S E O B T P E P
B D U I N O I T S U A H X E
M I U O D L H E E C B R E R
I G R M R O A P G M E B A Y
L G F O L E O M E A L N R C
C I D I P L G L P E S E T S
O N N U F E Y N F S D S H N
L G T R O P S T A H D R A H
D L A C I S Y H P D K C A P

Cave Adventure

G U E S T S P I T C H E R S
K Z F P A A N I H C C O D E
R T A O B Y V A R G L O S T
O S M O L Y N A P M O C R T
F G I N E D O L E F T R I I
L O L L E X I F H P H Y A N
O B Y L V G T L O P T S H G
W L I M H E A A L I N T C N
E E A T F N R T I C A A A I
R T I F H I O W D T G L B T
S N U W Z D C A A U E P I T
G B S A U C E R Y R L U N I
J S K N I R D E S E E C E S
G L A S S E S L I S N E T U

Dining Room

S E R V E R D C I N F O R M
Y K R E S C A N N I N G J O
S C E M C L T B U N A L P D
T O A L L E D N U O B N I E
E M C A R R I E R H B D C M
M P H N C O N V E Y N T T K
S U E G A M I C E A L W U R
H T D I W D N A B R I T R O
J E C S N A R D E R N C E W
L R I U T A A T E M E E S T
I J O S D O U L C R S N O E
A S I I R O E G O L A N A N
M D O B R S R E D I V O R P
E G A S S E M P V O I C E Z

Telecommunications

College Choices

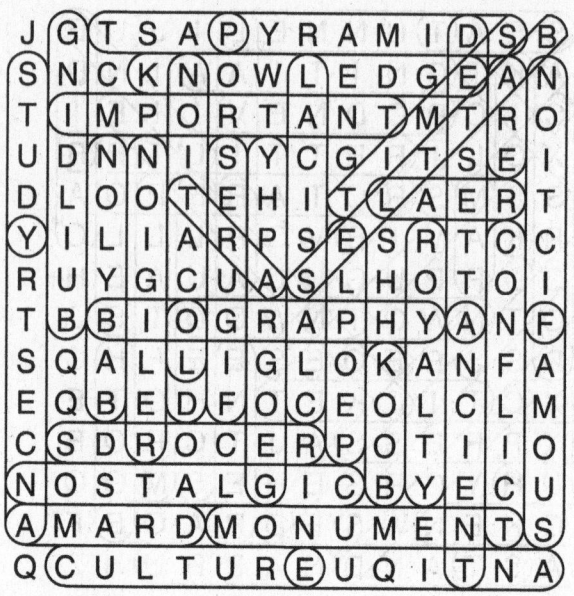

Historical

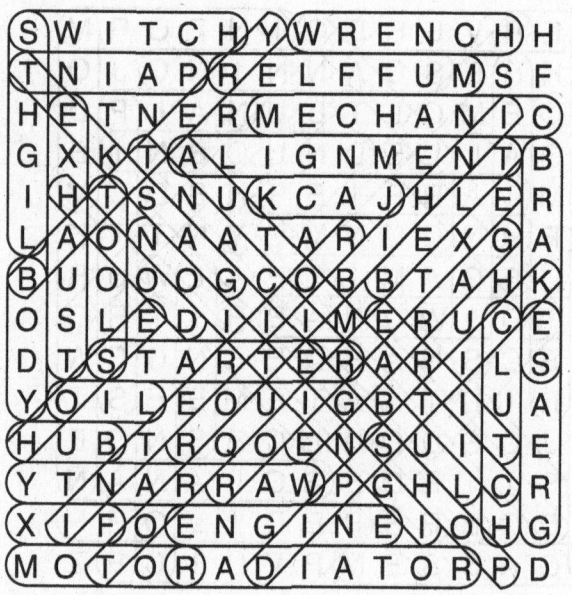

Auto Repair

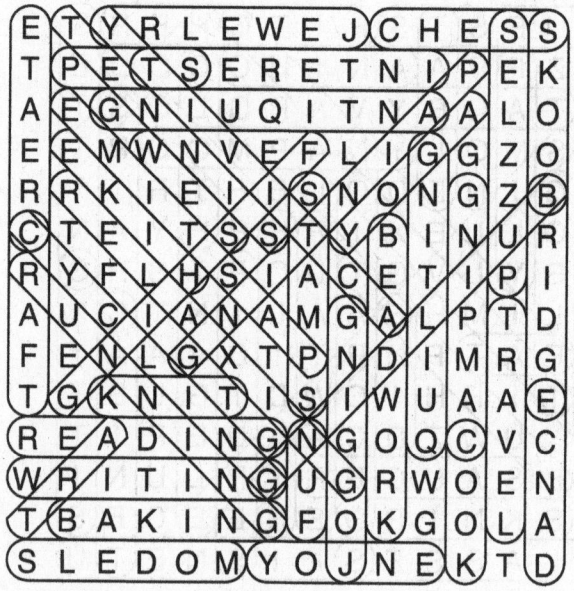

Hobby

In the Attic

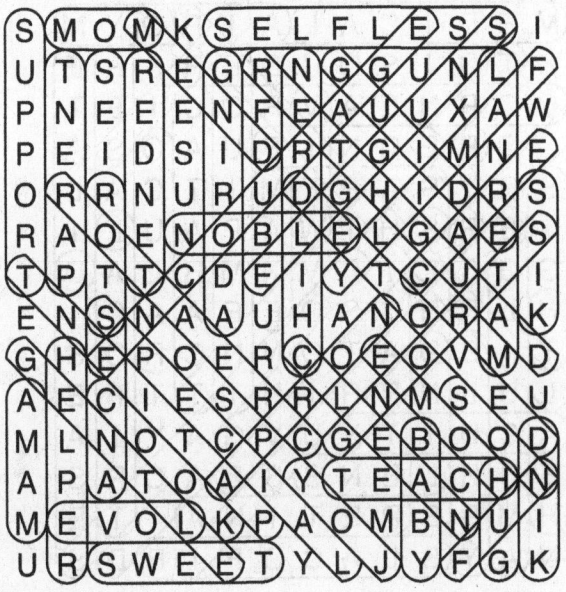

Mother

Tiny Things

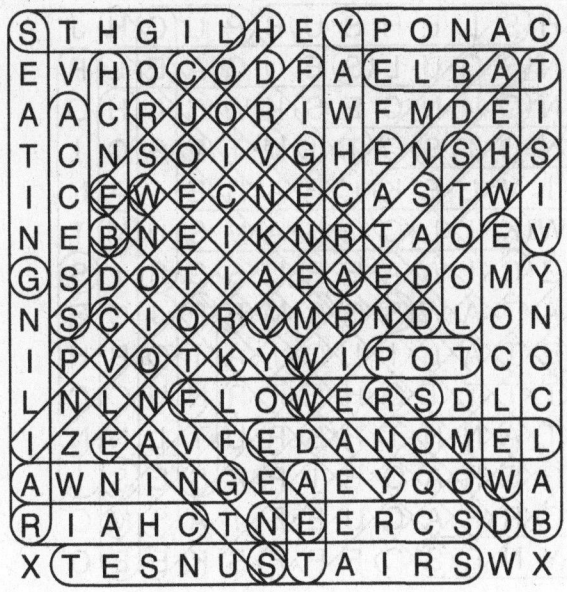

Front Porch

S M E D I C A L A I P O Y M
I K T D I S O R D E R S R E
C C O R N E A V R Q C I E T
L O O R E G N I F U A O S A
E S R Y S A P E M I T C A L
A I E R S H T W A P A U L I
R G G C E I C M X M R L A D
E H L R N C S O E E A A C I
R T A B D A T O N N C R O S
O L U L N R R I N T T T F E
T A C U I T Y U V G A Y I A
C E O R L E N S S E A C R S
O H M R B R E T I N A I T E
D N A Y S L A C O F I B D S

Optometrist

Y I C E C R E A M K D K Z V
A D N O V E L T I E S C G K
W S N O I T I T E P M O C W
D T H A B N G A M E S T O L
I F S G C B T B D K T S N A
M A E R P N I O Y O H E C V
S R N I R U O R S T G V E I
N C O C I F I T E S I I S N
O I C U Z D Y K T U L L S R
O D W L E J S N W O L C I A
L N O T S E T N O C C B O C
L A N U R I D E P A S S N E
A H S R A C R E P M U B S S
B A K E D G O O D S W O H S

Fun at the Fair

S H S L E H S U B P U C H J
S N S G U L S E U G A E L P
M N O U N C E S K W C L H O
K N O T S O T I M T E S C I
N I V L E K L E A D E I A N
A W K I L O G R A M S U M T
W Z C I W A E R U S C S I S
Q A T A W S G C M F P J C E
S E T A L I L O I A I O R H
R T T T T O H E R R N U O C
S T A N H T R S R U T L N N
S G E R A O E I P R S E S I
R C R F A C U E E I A S M O
D Y N E S C F R F S K B E C

Measuring

N H U M O R K N A R P L Y J
S W G I G G L E G A G K R E
T C I T N A V C R E U C O S
Y L S T E Q U O C U E L T T
L U H A T N D D R V T A S W
L B O Y R Y I F I P G S F E
I K R D N C T T W E M S E H
S P T E P N A R U Q N I A G
A U J M W E U S I O U C R U
T N C O R T S F M D R I E A
I W C C K T I M I N G R P L
R O C O M I C S B L H O A L
E L D D I R N A E L C N C E
K C I R T W R G O O F Y D T

Jokes

Creative Writing

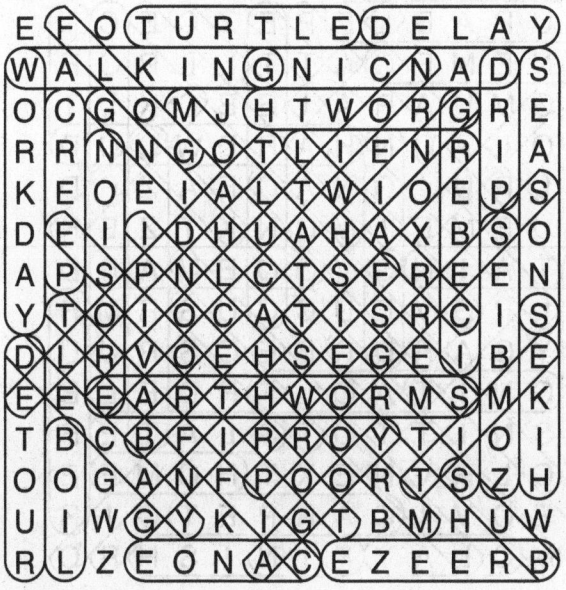

Slow Things

Music Lessons

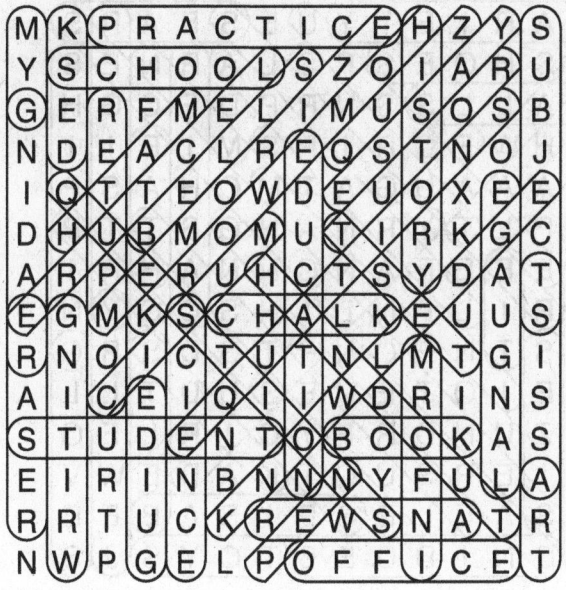

Teaching

D U R A B L E P E Z C E C T
T N E M E C A T T L L R O R
U G M U A R A I E B C K L I
O Q L F Q N H A R D W O O D
R L R U I G N A C E A Z R D
G U E M E I M O N K T Z E K
S T A I N S V O O B M A B D
L L P G V E U C C U S R M R
I Y G A R D R B E O S R U U
A G N I T A O L F R D E L B
N S N I T T O T S L A T E B
L G L R V N E X T H O M E E
Q E O V I C A R P E T O I R
S M C L A Y F I N I S H R C

All Kinds of Floors

D O C U M E N T S Y O B W F
C H I N E S E P E H H I O O
H S U R B K N I C P P N R N
C P D R A H A R I A A U D T
D H I E O M I C T R R E S S
B R A H L M S S C G C V H L
W E L R S I A U A O H I S A
B P A H A N C N R P M S I N
L A I U C C A A P Y E S R G
A P C I T R T M T T N E U U
C R E A T I V E N E T R O A
K N P I V Q F I R E S P L G
T S S E M A N U J S P X F E
K T T E B A H P L A T E X T

Fancy Handwriting

V A R I E T Y U E S E A R S
Y S H O E S P S L A R N E S
M A L L S S N R P D E C G H
S H W F C R I P S M I B I I
Y A A A U G A T M O H A S P
U P L T Y R N A H G S T T P
D E E E E A N C N N A H R I
I R I L F N L I H S C O Y N
S S T N E O N P T G D S R G
C E I Q T E U E S U D T L L
O Z U H D R F Y C I R L E O
U I E R S U O T K A D E W V
N S A E L B S E I B A B E E
T G N I D D E B T O Y S J S

Department Stores

H E V I S U L C X E V O D F
Y N P Y T I L A U Q F A E I
A G J N C O U R S E S H S N
T A M B I A N C E C C T S E
T P T J H K C U I S I N E C
I M O M T A P I T L F E R N
R A K R O F D A L A S L T A
E H O C L S O U N E M U S G
C C D R C B P C L M D P O E
I I E O E W Y H K T V O C L
V R X C L E X P E N S I V E
R T U E B S U O I R U X U L
E A T D A R E Z I T E P P A
S C U L T U R E D I N I N G

Fancy Restaurant

C W O D N I W B D F U T O N
B O O K S T E E H S U R B R
P L V G C Y C A V I R P H Q
M L A E O O W L Y T I N A V
B I T N R E T R O F M O C C
L P R A K S C H E S T G U R
I S T R B E R E S S E R D P
N E S D O L T V M X T T H O
D P O E A R E D R A W E R S
S A T S R E P P I L S M M T
L R O O D T R N S E R E N E
E D H O R E T E P R A C H R
E E P M A L S A M A J A P S
P B C H A I R K M A S T E R

Bedroom

S P L T D E M P L O Y E E A
T U E I I N D I V I D U A L
O R N D O T M A N A G E D A
R S D E Y E D K M C C B V T
E U E R T R A I A C O O I I
T I R C L P E O R O L P S P
A T S U A R H S K U L E O A
V E T L I I R K E N A R R C
I G C T C S E E T T T A E O
R D U U E E V M N A E T E M
P U D R P P O H S N R E R P
M B O E S A U D I T A W A A
P F R A N C H I S E L L C N
Y R P G N I L L A C O L P Y

Small Business

C D E R U T L U C L K P P T
U H E D W H E Y O G U R T S
R D E Z I N E G O M O H E K
D R I E I I P E S C Z K I L
S G A U S R A R E N A G R I
N D A D Q E U S O H L D B M
T P L T D I S E S T L S A D
B U U O E E L L T P E E H S
D D M T D F H A L S R I B K
W D R A T S U C C C A R N I
B I O L R E T T U B Z P T M
F N F E Y E L O H W Z A V H
E G S G G E E S S U O M W H
R N U D R I F E K G M C Y S

Dairy Products

S E A R C H N O I T A T I C
P R O C E S S E L C I T R A
U R B E I V Y I A B S E E T
B A O D R R I D S O J N L A
L O E J A O E E L E P R G D
I A O M E M L V W R H E O S
S I I K I C E P O M Y T O Y
H R L C H D T B X C M N G R
P E A A N A L Y Z E S I N A
A S C T N E T N A R G I I R
P U I E M R R S T U D Y D B
E L D S R A U Y R I U Q N I
R T E T E R D O H T E M U L
S S M L E K Y O J T C A F L

Researching

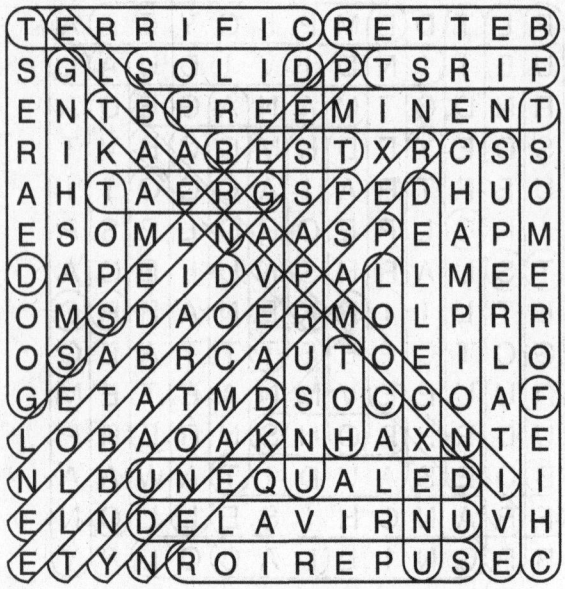

Great Words

Fitness Club

Faces

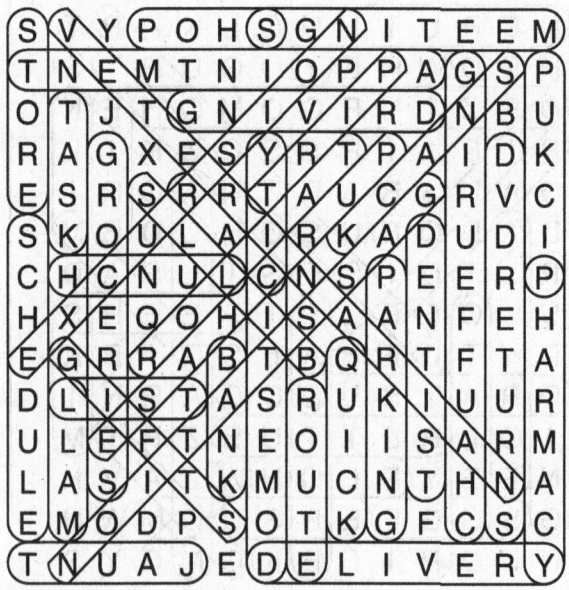

Running Errands

Wealthy

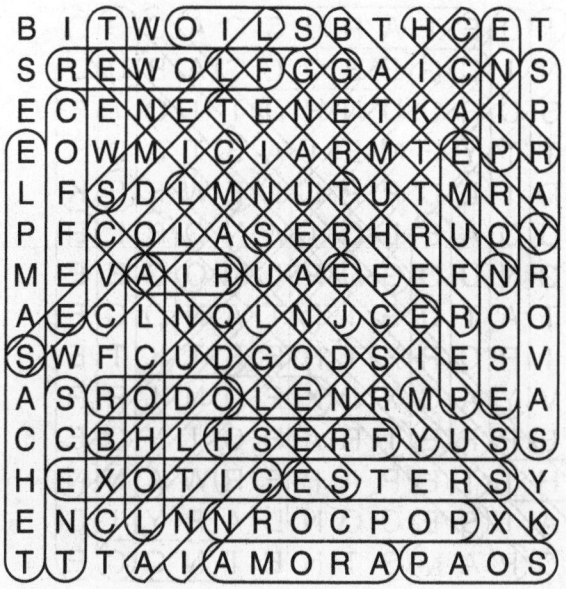

Fragrance

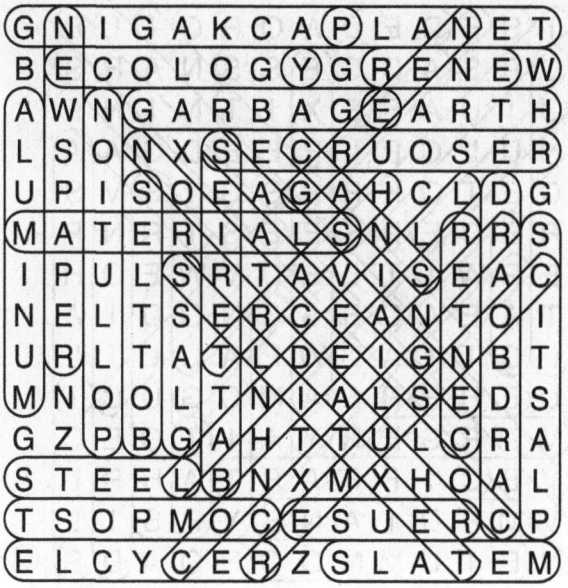

Recycle Things

Presidents' Day

E	I	D	E	T	A	R	U	C	C	A	C	G	Q
S	N	I	C	G	E	B	O	L	G	A	B	U	D
U	S	C	R	O	D	N	H	D	T	I	O	I	E
R	T	T	Y	E	M	E	I	A	B	T	B	D	S
U	R	I	L	C	P	P	L	L	E	W	F	E	K
A	U	O	A	S	L	O	I	W	N	O	B	L	R
S	C	N	U	O	G	O	R	L	O	O	O	E	E
E	T	A	T	U	G	I	P	T	A	N	O	C	F
H	I	R	C	R	X	T	N	E	S	T	K	T	E
T	V	Y	A	C	X	O	X	E	D	N	I	R	R
O	E	P	F	E	T	R	A	H	C	I	Y	O	E
W	H	I	T	E	P	A	P	E	R	W	A	N	N
Y	A	I	S	E	C	O	N	D	A	R	Y	I	C
U	C	P	A	M	S	T	N	E	T	N	O	C	E

Reference Works

J	U	D	G	E	O	W	I	T	N	E	S	S	T
C	L	I	E	N	T	R	U	O	C	Y	R	U	J
D	A	M	A	G	E	S	N	E	C	I	L	O	U
E	R	E	C	N	E	D	I	V	E	E	D	L	S
F	E	D	I	S	P	U	T	E	S	K	A	I	T
E	D	I	V	O	R	C	E	A	N	N	N	T	I
N	E	A	I	R	E	B	C	O	I	O	E	I	C
S	F	T	L	A	W	C	W	M	I	G	O	G	E
E	L	I	A	B	I	L	I	T	Y	N	P	A	C
S	A	O	R	D	E	R	O	T	R	I	B	N	I
S	I	N	E	D	C	M	R	F	C	R	U	T	F
I	R	N	G	B	O	O	K	S	E	A	S	Q	F
O	T	E	Y	R	E	T	A	I	N	E	R	V	O
N	O	T	A	R	Y	X	O	R	P	H	S	P	Z

Attorneys

B	O	R	N	E	O	K	I	N	A	W	A	V	V
R	E	T	S	A	E	T	A	S	M	A	N	I	A
S	T	N	I	J	I	F	N	S	L	Y	A	C	D
A	S	O	G	A	P	A	L	A	G	E	N	T	A
R	H	A	I	T	I	L	K	D	N	N	T	O	N
D	I	H	F	T	O	K	E	M	O	S	U	R	E
I	C	U	U	T	G	L	Y	I	K	S	C	I	R
N	E	E	A	O	M	A	S	R	G	O	K	A	G
I	L	G	R	E	E	N	L	A	N	D	E	D	H
A	A	U	V	F	E	D	B	L	O	A	T	U	A
B	N	A	D	C	W	S	A	T	H	B	A	M	W
U	D	M	S	I	C	I	L	Y	A	R	V	R	A
R	M	A	U	R	I	T	I	U	S	A	A	E	I
A	B	U	C	S	A	M	A	H	A	B	J	B	I

Islands Everywhere

E	T	S	F	D	E	D	W	O	R	C	I	L	B
R	C	R	S	A	C	C	E	S	S	N	A	R	S
T	O	I	U	A	E	E	X	I	T	N	I	N	F
U	N	U	L	C	P	L	P	E	E	D	G	A	A
R	C	E	T	O	K	R	R	S	G	I	S	V	S
N	R	S	D	E	P	S	E	E	S	T	R	N	P
P	E	R	W	I	T	L	S	D	V	W	E	O	H
I	T	A	E	A	C	S	S	S	N	O	D	I	A
K	E	C	T	I	A	C	W	P	A	U	L	T	L
E	U	E	H	P	R	S	A	M	C	G	U	C	T
N	M	E	R	G	E	R	Y	A	I	T	O	E	O
D	V	E	C	I	F	F	A	R	T	A	H	R	L
Q	V	M	E	D	I	A	N	B	Y	R	S	I	L
O	N	E	T	U	M	M	O	C	R	O	A	D	S

Driving on the Freeway

I Y R O T S I H D D U B J G
E P T H I N D U I S M S D A
R N O A D O O W Y L L O B D
U O U S H I M A L A Y A S Y
T I R I B T H S T R O S E R
N G I A S C E L E P H A N T
E I S L L A F R E T A W I S
V L T S A R N A I D N I R U
D E S E V T I S I V W T H D
A R C H I T E C T U R E S N
N A A C T A J M A H A L N I
C H V A S H O P P I N G P R
E I E E E P A C S D N A L A
J B S B F C O U N T R Y N S

See India

N N F R I E D P I L S N B U
I E B S E E D L E S S A X Y
K P E U I P O A M O N K E Y
S I G R N L O N G A O S K T
E R D D G C G T N D T P A H
D Y S O U T H A M E R I C A
I S W E E T P T T F E H S R
B N A T I U Q I H C S C O V
L A K P D W U O E T S A F E
E C U D O R P N A Z E N T S
E K I L F S E E R T D A G T
P N L T I L P S A N A N A B
G E L O D O O F R O V A L F
Y I L I S T E M A R E B I F

Going Bananas

V C N T Z L Z L T G C X D D
X B O F L E W B W V T R Y Q
N R H M O E B E O N A C F K
U U W B H T R A L D T B A C
F R E C Y D R I M B T Z F O
C I H S S Y S N H B O F O O
E W W T W V N T N O O H E G
W N E F E J O A E N S O S W
O W D K L V Q O D O C T P V
V E W G S I O U X I R W E D
W I Y R H H E M M E E E W L
F V O E A G U A W R W U W X
F L U W G U L H B E A L L E
J C Q J G H G S N A Q B A C

Rhymes with Sue

Y T F E H T Y F Y O T Y M W
I E T F R U L N R X G T Z N
K K N A B O A E K A B N A B
E C U O A P C W G C U M S U
C I O N M N X S C R E D I T
X Q C O A E B O W E A H V K
F O C L S R E B M U N H C Y
N L A R W U N G I S R N C M
G B U S A C I P N S P E N D
T P H O L E L I M I T R L B
R O X F L S N N T Y H O I C
P G T R E P O R T B G T A N
A O R A T E S W I P E S D D
E L B I L L L G H L H D O Y

Credit Cards

C O A L G H S U R D L O G U
S L E N N U T V E I N S S R
D I G G I N G E P F N U H A
S E N O T S P X P F I O O N
M E I H S T E T O I A R V I
E C L T A E X R C C T E E U
T R L R L E C A R U N G L M
A U I A B L A C K L U N G Y
L O R E R O V T R T O A T T
A S D N O M A I D E M D L E
D E P O S I T O I L V F A F
T R U C K M I N E R A L S A
S A G E O L O G I C A L I S
A C C I D E N T S H A F T S

Mining the Earth

H B R E B B U R F A S T J Y
I S C R O O D N I G N I W S
T V C T R U O C C I S N Y I
R P D O E N C O O S E R V E
O Y L H R C I P M Y L O Y M
P Q E A S E O L N R G D F A
S O G L Y I E M B E N O I G
G C P L L A L T P F I U L Q
N M L U G O G G L E S B F H
I A A U L V V X N R T L O B
R F E T O A T H L E T E N W
T E U Q C A R U L E S S P Y
S J B N S H O E S P E E D R
L L A W C L U B A L L I K H

Squash

G N I V I D E T C E T O R P
K T R O P I C A L J E L G A
L D V D H M O B E Y T I R C
A E I O A A S U V C A F O I
T N C O B C Y C I N R E W F
S S I F I R S S T A E A T I
A I T M T O T K C Y P H H C
O T A D A A E E U O M A C I
C Y U N T L M L D U E R R T
D D Q A P G S P O B T V A C
A L A S K A X B R K F E E R
L O B S T E R E P I T S S A
P C Q V H O L D F A S T E A
F R O N D S M S I N A G R O

Kelp Forest

S B D T A E B V I M A F M D
Q Q P M U A S O L H S J F P
O L O U S F C C S L E S D U
I W W S F O Z A B A V T I N
D V E I N L R L N M O A V K
A K R C M H Y S U A L G L C
R L E A T H E R K E U E Q O
L R B J T G D I I R M N Y R
T A U U N I D R O C E R V U
L J T U M R U P E S S E I O
O B R E G N A G C G G D D T
U G I W M R B A N D N N E X
D R A H T U O Y A E S I O N
Y C H Y S O U N D A R K S S

Heavy Metal Music